编 委 会

主　任：陈应春

副主任：徐安良　李　林　张建军　刘　元　张云东
　　　　余龙华　宋丽萍

委　员：肖志家　于松柏　张传忠　汪云沾　胡　良
　　　　戴文华　郭万达　张南昌　贺　平　鄢维民
　　　　管焱彬　李　荣　杨文明　王守仁　贡　悦
　　　　周欣华　李春瑜

主要撰稿人员：
　　　　张继军　段文海　胡旭亮　周媛婷　白志刚
　　　　罗七军　周　波　林志锴　王　梅　程传海
　　　　甄学军　戴　馨　刘俊磊　罗旭霞　陈文杨
　　　　王晓倩　黄忠仁　恽　飞　郭　军　赵锦华
　　　　田　佳　张　月　张智英

深圳
金融发展报告

(2009)

深圳金融发展报告编委会 编著

人民出版社

深圳金融发展报告(2009)
SHENZHEN JINRONG FAZHAN BAOGAO (2009)

CONTENTS 目 录

综 合 篇

市 场 篇

行 业 篇

附　　录

综合篇

Zonghe Pian

第一章
2009 年深圳宏观经济运行概况

一、全年经济运行概况

（一）经济总量增长概况

2009 年，深圳市全年宏观经济呈现率先触底、企稳回升、积极向好的特征。根据市统计局初步核算数据，全年实现本市生产总值8201.23 亿元，按可比价格计算，比上年增长 10.7%，增速比上年回落了 1.4 个百分点，增长率分别比全国、

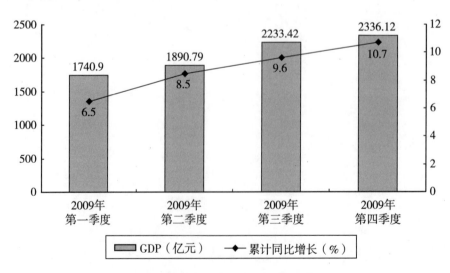

图1.1 深圳市 2009 年本市生产总值及累计同比增长率

资料来源：根据深圳市统计局网站数据整理。

全省增速高出 2 个和 1.2 个百分点。第一至第四季度本市生产总值分别实现 1740.9 亿元、1890.79 亿元、2233.42 亿元、2336.12 亿元，累计增速分别为 6.5%、8.5%、9.6% 和 10.7%（见图 1.1）。全年，按平均常住人口计算的人均生产总值为 92771 元，比上年增长 8.9%，按中国人民银行公布的平均汇率计算，人均生产总值为 13581 美元。

（二）产业结构变化情况

2009 年，全市第一产业实现增加值 6.47 亿元，比上年下降 18.6%，第二产业实现增加值 3831.64 亿元，比上年增长 9.3%，第三产业实现增加值 4363.12 亿元，比上年增长 12.5%（见表 1.1）。三次产业结构由上年的 0.1∶48.9∶51 变为 0.1∶46.7∶53.2，第三产业所占比重比上年提高 2.9 个百分点，成为推动经济增长的重要力量。

表 1.1 初步核算本市生产总值

单位：亿元

指 标	2009 年	比上年增长（%）
本市生产总值	8201.23	10.7
第一次产业	6.47	−18.6
第二次产业	3831.64	9.3
#工业	3597.61	8.6
第三次产业	4363.12	12.5
#交通运输、仓储和邮政业	320.10	5.2
批发和零售业	861.45	14.3
住宿和餐饮业	193.16	17.4
金融业	1148.14	20.5
房地产业	585.95	20.9
其他	1254.32	3.1

资料来源：根据深圳市统计局网站数据整理。

从季度看，三次产业实现的增加值和同比增长概况如下：

2009 年 1—4 季度，全市第一产业实现增加值分别为 1.55 亿元、1.39 亿元、1.87 亿元、1.66 亿元，分别比上年累计同比下降 12.3%、23.2%、16.9%、18.6%（见图 1.2）。

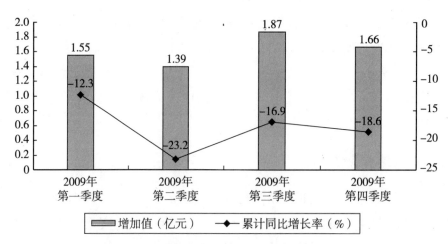

图1.2 2009年深圳市各季度第一产业实现增加值及累计同比增长概况

资料来源：根据深圳市统计局网站数据整理。

2009年1—4季度，全市第二产业实现增加值分别为781.46亿元、848.1亿元、1032.46亿元、1169.62亿元，分别比上年累计同比增长0.9%、4.9%、6.6%、9.3%（见图1.3）。其中，工业实现增加值分别为738.25亿元、797.9亿元、975.54亿元、1085.92亿元，分别比上年累计同比增长0.4%、4.6%、6.3%、8.6%（见图1.4）。

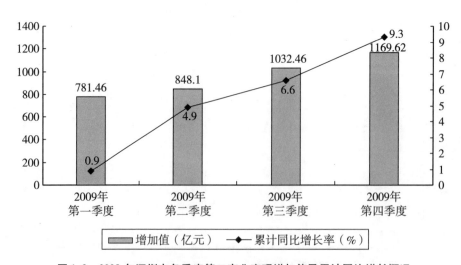

图1.3 2009年深圳市各季度第二产业实现增加值及累计同比增长概况

资料来源：根据深圳市统计局网站数据整理。

2009年1—4季度，全市第三产业实现增加值分别为957.89亿元、1041.3亿元、1199.09亿元、1164.84亿元，分别比上年累计同比增长11.8%、12.1%、12.9%、12.5%（见图1.5）。

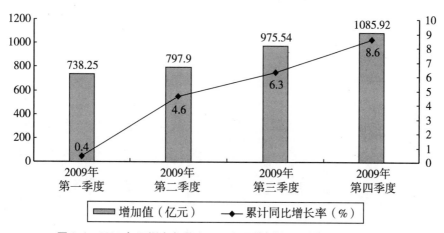

图1.4 2009 年深圳市各季度工业实现增加值及累计同比增长概况

资料来源：根据深圳市统计局网站数据整理。

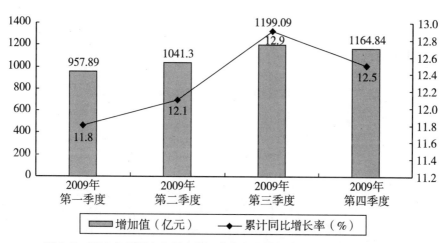

图1.5 2009 年深圳市各季度第三产业实现增加值及累计同比增长概况

资料来源：根据深圳市统计局网站数据整理。

二、投资、消费、进出口概况

（一）投资概况

2009 年，全市完成固定资产投资总额 1709.15 亿元，同比增长 16.5%，低于全国增速水平 13.6 个百分点。其中基本建设投资 1043.63 亿元，同比增长 26.1%，房地产开发投资总额 437.46 亿元，同比减少 0.7%，更新改造投资总额 166.96 亿元，同比增长 7.1%。基本建设投资所占比例较上年有所上升，房地产开发投资所占比例较上年有所下降（见图1.6）。

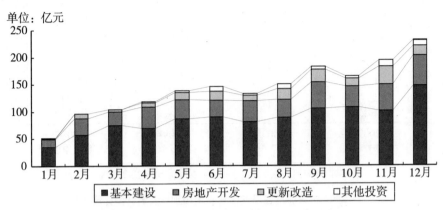

图1.6 2009年深圳市固定资产投资月度构成图

资料来源：根据深圳市统计局网站数据整理。

（二）消费概况

2009年，全市社会商品零售总额2598.68亿元，同比增长15.4%，消费总体保持平稳（见图1.7）。

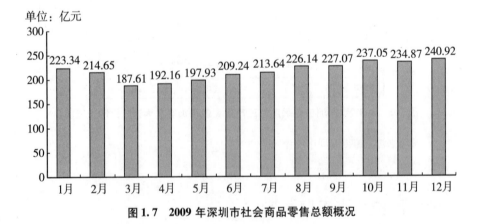

图1.7 2009年深圳市社会商品零售总额概况

资料来源：根据深圳市统计局网站数据整理。

（三）对外贸易概况

2009年，全市进出口贸易总额达到2701.55亿美元，同比下降10.4%，其中出口1619.79亿美元，同比下降10.6%，进口1081.76亿美元，同比下降10.1%（见图1.8）。

单位：亿美元

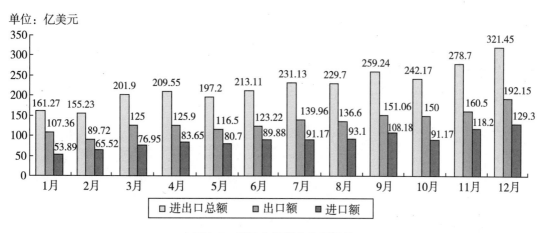

图 1.8　2009 年深圳市外贸概况

资料来源：根据深圳市统计局网站数据整理。

三、财政收入与居民收入增长概况

（一）财政收入增长概况

2009 年，完成地方财政一般预算收入 880.82 亿元，其中税收收入 823.17 亿元，分别同比增长 10.1%、7.9%（见图 1.9）。全年地方财政一般预算收入规模稳居国内大中城市第三位。

单位：亿元

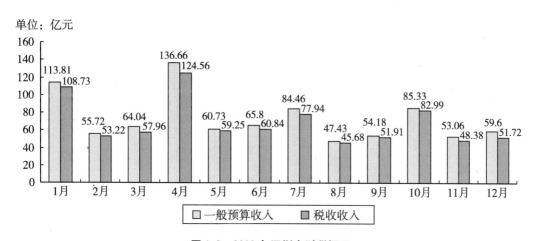

图 1.9　2009 年深圳市财税概况

资料来源：根据深圳市统计局网站数据整理。

（二）居民收入增长概况

2009 年，居民人均可支配收入 29244.52 元，比上年增长 9.4%，扣除物价因素，实际增长 10.8%（见图 1.10）。

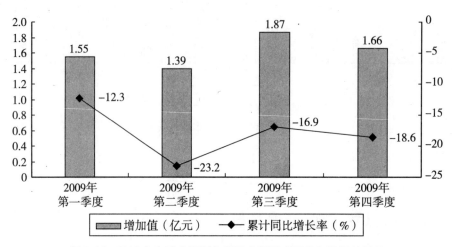

图 1.10　2009 年各季度深圳市居民人均可支配收入及增长概况

四、物价概况

（一）居民消费价格概况

2009 年，居民消费价格指数（CPI）从 7 月份开始振荡上行，全年 CPI 累计平

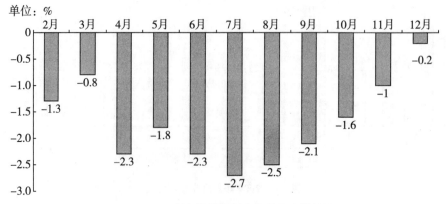

图 1.11　2009 年各月份深圳市物价同比增长概况

资料来源：根据深圳市统计局网站数据整理。

均比上年回落 1.3%，降幅比全国平均水平高 0.6 个百分点，比全省平均水平低 1 个百分点（见图 1.11）。

（二）生产价格指数概况

2009 年，自 9 月份开始，工业产品出厂价格指数和原材料、燃料、动力购进价格指数与上年同期相比下降幅度开始减小，其中 12 月份工业产品出厂价格指数与上年同期相比出现正增长。2009 年全年，工业产品出厂价格指数累计比上年回落 4.68%，原材料、燃料、动力购进价格指数累计比上年回落 3.67%。

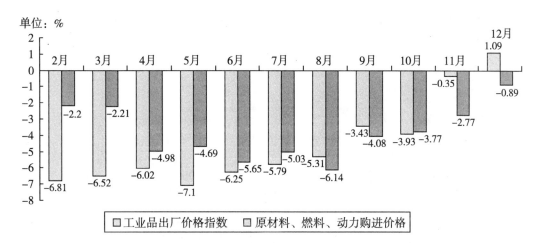

图 1.12　2009 年各月份深圳市生产者价格指数同比增长概况

资料来源：根据深圳市统计局网站数据整理。

第二章
2009 年深圳金融运行概况

一、深圳金融业发展概况

(一) 金融机构聚集概况

1. 银行业机构概况

截至 2009 年年底，全市中外资银行业金融机构数为 72 家，较上年同期增加 5 家；银行网点数为 1287 家，较上年同期增加 41 家；从业人员 52660 人，较上年同期增加 2579 人。

其中，中资银行业金融机构数 39 家（其中非银行金融机构 11 家），较上年同期增加 6 家（其中非银行金融机构增加 1 家）；银行网点数为 1206 家，较上年同期增加 38 家；从业人员 48429 人，较上年同期增加 2666 人。外资银行业金融机构数 33 家，较上年同期减少 1 家；银行网点数为 81 家，较上年同期增加 3 家；从业人员 4231 人，较上年同期减少 87 人。

截至 2009 年年底，全市共有法人银行 8 家，与上年持平；非法人银行 24 家，较上年同期增加 5 家；代表处 4 家，与上年持平。

2. 证券机构概况

截至 2009 年年底，全市有证券公司 17 家，数量居全国各大城市首位；证券营业部 195 家，比 2008 年年底增加 3 家，其中，本地券商深圳营业部 72 家，比 2008 年年底增加 4 家。

截至 2009 年年底，全市共有基金管理公司 16 家（其中 9 家中外合资基金管理公司），比上年减少 1 家。深圳基金管理公司管理证券投资基金 179 只（其中封闭式基金 17 只，开放式基金 162 只），同比增长 15%；基金规模 8071.28 亿份（其中封闭式基金约 569 亿份，开放式基金约 7503 亿份），同比减少 10.76%；基金资产净值约 8677 亿元（其中封闭式基金 719 亿元，开放式基金 7958 亿元），同比增长 25%。基金总规模、基金资产净值均约占全国的三分之一。

3. 保险机构概况

截至 2009 年年底，深圳共有各类保险机构 60 家，其中法人机构 12 家、产险分公司 23 家、寿险分公司 15 家、再保分公司 2 家、异地驻深营销服务部及中心支公司 8 家。另有保险专业中介机构 183 家，其中代理 79 家、经纪 33 家、公估 34 家，在深分支机构 37 家。全年新增保险总公司 1 家、中心支公司 1 家、专业保险中介法人机构 10 家。

4. 期货公司概况

截至 2009 年年底，全市共有 13 家期货公司，比上年增加 1 家（黑龙江天琪期货公司）。13 家期货公司在全国共设立 61 个营业部，同比增长 27.08%。国内期货公司在深圳共设立 20 家营业部，同比增长 53.85%，在新增设的 7 个营业部中，深圳期货公司在本地增设了 2 个，占新增营业部数的 28.57%。深圳辖区期货公司从业人员共 1371 名，较 2008 年增加 31.57%；在深圳辖区期货公司开户的投资者共 70985 户，同比增长 69.47%；在 20 个期货营业部开户的投资者为 12786 户，同比增长 318.12%。

5. 创业投资机构概况

深圳是全国本土创投最活跃的地区，创投机构数量和管理创业资本额占到全国的三分之一，对深圳地区高新技术产业发展做出了重要贡献。截至 2009 年 12 月底，在深圳市创业投资同业公会的 262 家会员机构中，有 149 家专业创业投资机构（含 4 家有限合伙企业）和 113 家创投管理机构。

6. 私募基金机构概况

截至 2009 年年底，全市共有私募基金 300 多家，管理私募股权投资基金的总规模约为 2500 亿元人民币，约占全国的 35%，其中创业投资基金的总规模为 600 亿元，其他类型的私募股权投资基金总规模为 1800 亿元；管理私募证券基金规模超过 4000 亿元人民币，其中信托私募证券管理规模达到 100 亿元人民币以上，约占全国的 30%。从投资顾问的家数来看，深圳共有 53 家，与上海持平，远高于北京的 28 家。

7. 小额贷款公司概况

截至 2009 年年底，全市共有小额贷款公司 17 家，其中 2009 年新增 9 家，原有1家因在2009年不能完成整改要求已取消其小额贷款业务经营资格。全市小额贷款公司注册资本金合计13.06亿元，累计发放贷款51.83亿元（其中，新9家公司累计7.22亿元，老9家累计44.61亿元），累计发放贷款155443笔（其中，新9家累计2411笔，老9家累计153032笔）；贷款余额19.1亿元，平均年化利率为18.74%，平均不良贷款率为4.6%。

（二）金融总量与市场规模概况

1. 金融业资产概况

2009年年末深圳金融业资产总额3.3万亿元，同比增长36.9%。其中银行业总资产27634.1亿元，同比增长34.2%；证券业总资产4701.05亿元，增长58.5%；保险业总资产586.95亿元，增长15.1%。

2. 存贷款概况

截至2009年年底，深圳金融机构本外币各项存款余额18357.47亿元，同比增长28.7%，增幅高于上年16.7个百分点。较年初增加4102.58亿元，同比多增2392亿元。各项存款余额位居全国大中城市第四位。

截至2009年年底，金融机构本外币各项贷款余额14783.39亿元，同比增长31.6%。较年初增加3595.02亿元，同比多增2457.64亿元。各项贷款余额位居全国大中城市第三位。

3. 金融市场概况

2009年，深圳全年货币市场累计总成交272184.92亿元，同比增长31.4%。其中，同业拆借34845.12亿元，增长20.5%；质押回购95525.46亿元，增长4.7%；买断回购5948.54亿元，增长81.6%；现券买卖135865.8亿元，增长62.3%。货币市场成交额占全国比重为19.9%，位居第三位。

证券市场累计成交198733.86亿元。其中，股票市场成交189474.85亿元，同比增长118.6%；基金成交3790.95亿元，增长77.9%；债券成交828.72亿元，增长62.2%。

保险业全年实现保费收入271.59亿元，同比增长12.8%，保费收入规模在全国36个地区（31个省级行政区和5个计划单列市）中排在第17位。

全年银行结汇收入763.80亿美元，同比下降17.1%；售汇支出413.91亿美元，同比下降16.7%；结售汇顺差349.89亿美元，下降17.6%。结汇、售汇、结售汇顺差占全国比重分别为7.5%、5.5%和12.9%。

深圳黄金夜市全年累计成交量9884.21吨，同比增长152.9%，占上金所总交

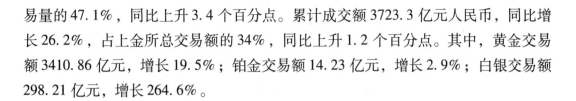

易量的 47.1%，同比上升 3.4 个百分点。累计成交额 3723.3 亿元人民币，同比增长 26.2%，占上金所总交易额的 34%，同比上升 1.2 个百分点。其中，黄金交易额 3410.86 亿元，增长 19.5%；铂金交易额 14.23 亿元，增长 2.9%；白银交易额 298.21 亿元，增长 264.6%。

（三）金融资产质量与赢利概况

1. 金融资产质量概况

2009 年年末，全市银行业金融机构不良贷款余额 226.66 亿元，比年初增加 4.63 亿元；不良贷款率 1.54%，比年初下降 0.45 个百分点，不良率低于全国平均水平 1.80 个百分点。2009 年年末，法人银行业金融机构加权平均资本充足率为 11.11%，比年初下降 0.14 个百分点。

2. 金融业赢利概况

2009 年，全市金融业实现税前利润 669.69 亿元，同比上升 4%。其中银行业实现税前利润 335.35 亿元，同比下降 13.04%；证券业实现税前利润 334.34 亿元，同比上升 43.7%。

二、深圳金融业对经济社会发展的贡献

（一）金融业对 GDP、税收的贡献概况

1. 金融业对 GDP 的贡献

2009 年，全市金融业实现增加值大幅增长。据市统计局初步核算，2009 年全市金融业实现增加值达到 1148.14 亿元，同比增长 20.5%，占 GDP 比重达到 13.9%，同比提高 1 个百分点。

2. 金融业对税收的贡献

金融业纳税总额达到 294.32 亿元，占全市税收收入（扣除海关代征、证券交易印花税收及车购税）的 17.5%。

（二）金融业对深圳市经济发展提供了有力支持

1. 银行业对其他产业发展的支持

2009 年是 21 世纪以来我国乃至全球经济和金融发展最为困难的一年，国际金融危机的严重冲击给银行业经营管理带来前所未有的挑战，深圳银行业在支持深

圳经济发展方面创造了骄人的成绩。

一是积极支持国家重点项目建设以及符合国家产业政策的重点行业和重点企业的发展，大力支持基础设施建设、自主创新等重点领域，轨道交通、公路、城建等重点行业，以及深圳"走出去"企业的重点信贷项目。2009年，深圳银行业金融机构新增贷款中，电力、燃气及水的生产和供应业新增122.02亿元，交通运输、仓储和邮政业新增347.30亿元，分别占全部新增的3.40%和9.66%。

二是大力支持中小企业的发展。目前我国面临新的经济结构调整，中小企业在其中扮演着重要的角色。为支持中小企业发展，扩大其融资渠道，深圳所有银行业金融机构均设立了中小企业金融服务的专营机构或专营部门，形成了中小企业金融服务的框架体系，同时积极与政府、行业协会等机构进行合作，创新融资方式，积极开展股权质押贷款、仓单质押贷款、工业厂房按揭贷款、企业现金管理等业务。截至2009年年底，深圳中小企业人民币贷款余额6409.68亿元，比年初增加895.05亿元，中小企业贷款占全部人民币对公贷款的比例为45%。

三是大力发展消费信贷。发展消费信贷已成为扩大内需、促进国民经济发展的重要措施。2009年，深圳银行业金融机构纷纷加大对消费信贷的投入力度，购房贷款、购车贷款、大额耐用消费品贷款等成为银行业金融机构业务增长的重要角色，同时各银行大力简化消费贷款办理手续和环节，适当降低消费信贷的门槛，合理设定贷款利率，从而吸引更多消费者。2009年，深圳市个人贷款新增1192.58亿元，占年度全部新增贷款的33.17%。

2. 深圳证券交易所对全国及本地上市公司直接融资的支持

截至2009年年底，深交所上市公司总数830家，比年初增加90家，其中中小板IPO上市54家，创业板IPO上市36家。深市股票累计筹资1712.67亿元，同比增加610.82亿元，增幅55.44%，其中中小板IPO融资423.64亿元，再融资153.48亿元，创业板IPO融资204.08亿元，主板再融资931.47亿元。

2009年深圳上市公司队伍进一步壮大，截至2009年年底，辖区年新增上市公司13家，而且首次出现了创业板上市公司，深圳上市公司总数已达114家，同比增长12%。全年上市公司利用资本市场融资344.15亿元，同比增长约40%，其中首发融资金额204.6亿元，比2008年增长了近7倍。

3. 保险业对经济健康运行提供的风险保障

2009年深圳保险业累计提供各类风险保障近10万亿元，支付赔款和给付73.34亿元，同比增长7.94%，减轻了灾害事故对生产生活的影响，进一步发挥了保险服务经济社会的功能作用。台风"莫拉菲"袭击深圳，深圳各保险公司积极行动，及时赔付，估损金额达4625.9万元。"甲型H1N1流感"期间，各公司开辟绿色通道，预先支付保险金，及时进行损失补偿，有效维护了社会稳定。出口信用保险深圳分公司积极贯彻落实国家421专项计划，全年承保金额76.79亿美元，同比增长199.9%，支付企业赔款1922万美元，同比增长111.80%，深圳地区一般贸易险渗透率达到11%，高于上年同期8个百分点，帮助企业实现信保项下融资金额约为22.3亿美元，有力促进和支持了地方经济发展。人保财险深圳分公司积极参与深圳地铁等一系列重点工程项目，共向深圳市地铁集团有限公司支付1082.4万元赔款，有力支持了市政府重点工程建设。火灾公众责任险覆盖范围不断扩大，共承保1073家单位，累计赔偿限额78.7亿元。农民工保险产品和服务手段进一步丰富，覆盖面进一步扩大，累计承保达267万人次，累计赔款达4036万元，同比增长70%。2009年深圳保险业共向深圳市道路交通事故社会救助基金缴纳资金2600万元，累计缴纳资金超过4500万元，为维护社会稳定，为民解难、为政府分忧发挥了积极作用。

三、深圳参与区域金融合作概况

（一）深港金融合作稳步推进

一是深港合作在跨境贸易人民币结算方面取得重大突破。2009年4月18日，国务院批准上海市和广东省四城市率先开展跨境贸易人民币结算试点。自2009年7月7日试点正式启动以来，深圳市作为首批试点城市，在跨境贸易人民币业务规模、业务种类和参与主体等方面都有较大进展和突破。截至2009年12月31日，深圳市共办理跨境货物贸易人民币结算业务109笔，累计金额68130.50万元；服务贸易人民币结算业务2笔，金额80万元；人民币跨境购售业务5笔，金额213.71万元；境内银行对境外企业人民币跨境贸易融资（贷款）业务2笔，金额1500万元；人民币跨境账户融资业务1笔，融资金额500万元；境内银行为境外银行开立人民币同业往来账户17个，账户余额7855.08万元；已有7家企业成功办理了跨境贸易人民币结算项下出口退税，金额346.12万元。目前，深圳市人民币贸易跨境结算金额占全国30%以上。

二是继续完善并加强了对香港人民币业务的日常监测和分析机制，并对深港贸易使用人民币结算和东南亚国家人民币现钞回流的可行性进行了深入研究。截至2009年年底，香港人民币存款余额477.05亿元；"南卡北用"和"北卡南用合计清算总金额达 483 亿元。同时，协助总行推动了内地金融机构继续赴香港发行人民币债券，确保了香港人民币债券业务资金清算渠道安全畅通，2009 年在香港共发行 159.33 亿元人民币债券。

此外，深圳市加强了与香港金银业贸易场的联系，探讨推进两地黄金市场合作的可行性；外引内联，促进了香港按揭证券公司与深圳相关金融机构的业务合作，并积极推动深港两地小额支付卡的互联互通；2009 年 6 月深港启动商品期货交易方面的合作，目前双方正就合作形式与内容分别上报；2009 年 7 月，作为落实《珠江三角洲地区改革发展规划纲要》、深化深港金融合作的具体举措和重大创新，香港按揭证券公司与深圳金融电子结算中心合资设立深圳经纬盈富担保有限公司。

（二）大力推进深莞惠区域金融合作

深莞惠三市于 2009 年 6 月 5 日正式签署了《深莞惠加强金融业合作协议》，三市将在建立金融合作交流机制、支持各类金融机构互设分支机构、拓展异地业务、加强资本市场、中介机构以及三市支付、清算等金融基础设施建设领域携手合作，不断提升三市金融业合作的广度和深度。此外，人民银行深圳中心支行与东莞、惠州相关部门协商，结合三地经济、金融发展现状及定位，遵循资源共享、优势互补原则，签署了《深莞惠金融合作备忘录》，并就三地互相开放市场、开展金融基建合作初步达成共识，积极推进三地金融业的改革创新与发展，促进深莞惠经济一体化发展。

（三）推动银行间合作，全面提升深圳银行业集聚作用

2009 年 9 月，深圳银监局发起并与深圳市政府金融办、招商银行、深圳发展银行、平安银行共同举办首届"银行间合作高峰论坛"，邀请辖内银行与全国 40 余家中小银行参会，共同探讨全国银行间的战略合作以及在系统、产品、技术、资金、信贷、培训和创新等诸多领域的专项合作。论坛成果显著，首次拉开了深圳银行与异地银行全面、系统合作的序幕，初步确定了银行间合作的内容、次序和重点，积极探索了深圳银行业未来发展方向。不少异地银行和本地同业当场即与招商银行等敲定在产品、资金、培训等领域开展全面合作。

（四）积极引进中小银行机构，充分发挥市场吸纳作用

为进一步完善市场功能，增加市场活力，在 2008 年引进 3 家城市商业银行的

基础上，2009 年又新增 4 家落户深圳，其中包括广东地区的东莞银行。还有 4 家正处于筹建阶段，包括广东地区的广州银行和湛江商业银行。

（五）支持深圳银行业设立异地分支机构，大力提升深圳金融中心城市的辐射作用

目前深圳已有 3 家股份制银行、1 家外资银行申请在广东省内设立异地分支机构，其中民生银行江门支行已经开业。深圳农村商业银行在广西设立异地支行有望在年内获准筹建，这将成为深圳农商行跨区域经营的标志性事件，有利于增强深圳本地机构向周边地区的辐射作用。

第三章
2009 年深圳金融调控与监管

一、金融宏观调控措施落实概况

受金融危机影响，2009 年深圳经济开局艰难，经济发展面临前所未有的压力。为应对冲击、支持地方经济稳步增长，深圳金融业认真执行适度宽松的货币政策，为经济探底回升创造了良好的金融环境，促进了地方经济企稳回升。

（一）金融监管部门之间的协调配合机制逐步完善

深圳已经形成由深圳市政府有关部门、人民银行深圳市中心支行、深圳银监局、深圳证监局、深圳保监局、深交所组成的金融监管联席会议制度，以"金融是一家，稳定是大局，科学发展是硬道理"为思路，进行定期沟通、信息共享、政策协调，形成了"大金融"、"大市场"、"大监测"的监管体系。

（二）金融业行业自律能力有新的提高

深圳国内银行同业工会、外资金融机构同业工会、保险业同业公会、深圳市证券业协会、深圳特区金融学会共同构成了金融行业的自律监管体系。

（三）灵活运用各种货币政策工具和信贷政策管理手段，引导金融机构贷款合理增长

创新"窗口指导"形式，按月召开全市国内商业银行资金情况分析会，及时传递金融支持经济增长的各项政策，引导金融机构合理安排信贷投放。每半年召

开专题会议，邀请有关行业的专家，就房地产市场、商业银行利率管理、金融市场发展等方面的问题进行深入探讨。建立信贷按周监管制度，加强对辖内商业银行信贷增长节奏、结构的监测与管理。加强与政府、企业和金融机构的沟通，促进企业项目、企业融资需求与银行金融服务有效对接。召开金融机构债务融资工具座谈会，拓宽了企业融资渠道。充分发挥信贷政策的指导作用，努力解决中小企业融资难问题。通过强化信贷政策执行效果评估报告制度，引导银行优化信贷结构，有效提高了信贷政策实施效果。

（四）密切监测信贷总量和结构变化

完善了全口径金融统计，密切监测货币信贷运行、商品价格、汇率变动、企业经营等情况，及时引导金融机构调整信贷投放结构和节奏。

（五）加强了对房地产市场及房地产金融的监测与分析

巩固房地产市场定期联系会议制度和报告制度，开展了对房地产金融和房地产租赁情况的抽样调查，强化了对商业银行房地产政策执行情况的监测，加强了对房地产市场及房地产金融相关数据的监测及分析。

（六）改进了利率监测制度，积极疏通货币政策传导渠道

对深圳市各金融机构计结息办法和存款利率下浮情况进行调查，向各金融机构提出了对利率调整波长变化和利率报备等的具体要求。对债券市场异常交易进行监测，努力维护辖内债券市场平稳运行。选取辖内多家重点票据市场成员试用"标准文本"，推动了票据市场一体化、规范化发展。推广金融市场交易服务平台，加强了金融市场监测分析及服务。积极保护金融债权，切实防范信贷风险。

二、外汇管理概况

2009 年的外汇管理工作主要着眼于应对国际金融危机，立足于促进国际收支平衡，着力于如何不断完善外汇管理，促进贸易便利化，提升服务水平。

（一）加强外汇管理方式创新，提高外汇政策执行力

1. 加强与相关职能部门的沟通协调，实现了联合监管、联合服务

一是在全国率先与税务部门建立联合监管合作机制，显著提升了服务贸易外

汇监管效率。二是在全国率先与深圳市科工贸信委建立信息交换机制，协助做好出口资助政策的落实工作。三是继续加强与深圳市国家税务局的沟通协调，保证出口核销退税数据传输安全、准确、及时，确保出口企业顺利申报出口退税。

2. 规范管理与促进便利化相结合，改善了贸易外汇管理

一是全面落实出口收结汇联网核查政策，并结合深圳实际制订解决方案，保证企业正常贸易货款的流转与使用。二是利用工商部门企业注册登记信息解决了逃匿企业遗留核销数据清理难题，强化了对出口收汇逾期未核销监管。三是简化进口付汇单证，提高了企业付汇效率。四是通过建议和改革，放宽比例管理，大大改善了企业的进出口贸易环境。

3. 简化流程，便利企业投资和提高资金使用效率

一是全面推行外商投资企业网上外汇年检，大大提高了年检效率。深圳市现有外商投资企业19515家，年检参检率91.57%，通过率90.52%。二是简化和规范境外直接投资外汇管理方式和程序，将境外直接投资外汇资金来源由事前审查改革为事后登记，取消境外直接投资资金汇出核准，允许境内机构在其境外项目正式成立前的筹建阶段，可核准汇出投资总额一定比例的前期费用，扩大了境内机构境外直接投资的外汇资金来源。三是改革境外放款政策，扩大了境外放款主体和资金来源，简化了境外放款的核准和汇兑手续，完善了境外放款的统计监测与风险防范机制，支持了各类所有制企业"走出去"，以带动出口，稳定外需。四是出台资金池业务，明确了境内外币资金池业务的运营方式，进一步降低了外汇资金集中运营准入门槛，提高了境内企业资金使用效率。

4. 建立了银行执行外汇管理法规考核体系，完善了银行结售汇业务监管

一是为规范银行外汇收支行为，强化银行代位监管职能，确保外汇政策的实施效果，深圳外汇管理分局2009年第一次对银行外汇业务开展情况实行了综合考评。二是全面梳理现有已备案和退出的银行机构，加强了结售汇业务市场准入和退出备案管理工作。

5. 积极推进深圳市个人本外币特许兑换业务，改善了外币兑换服务

由于毗邻香港，深圳市外币兑换需求量巨大，为满足涉外主体的本外币兑换需求，优化深圳市个人本外币兑换环境，深圳外汇管理分局积极推进个人本外币兑换特许业务试点工作。2009年10月份开始启动试点准备工作，至12月底，拟定深圳市个人本外币特许兑换业务试点方案，完成3家试点机构申请材料的上报工作。

（二）加强监测和案件查处，保障良好的外汇政策执行秩序

1. 关注外汇形势变化，加强了跨境资金流动监测

一是加强核查，提高了外汇统计数据质量和监管效率。二是做好专项调查，高质量完成了 2009 年上半年贸易信贷抽样调查工作，获得了可靠的调查数据。三是加强了对跨境资本流动监测分析，特别是对深圳外商投资企业留存利润及汇出情况的监测和分析。

2. 结合外汇收支特点，开展了金融机构外汇业务专项检查

一是对 16 家中资外汇指定银行执行外商投资企业资本金结汇政策情况开展专项检查。二是对中国人民财产保险股份有限公司深圳分公司和美亚财产保险有限公司深圳分公司两家保险机构开展了外汇业务专项检查。三是对中国工商银行深圳市分行、中国邮政储蓄银行深圳分行和汇丰银行（中国）有限公司深圳市分行个人外汇业务进行了现场检查。四是对平安证券有限责任公司总部和深圳地区部分证券营业部外汇业务合规性进行了现场检查。

3. 严厉查处各类外汇违法犯罪活动

一是继续与公安部门密切合作，联合开展打击非法买卖外汇行动，破获了张氏钱庄案件、吴氏钱庄案件，并开展了打击罗湖口岸外汇黑市专项行动。二是多方面提升检查手段，加大对非法买卖外汇、非法使用外汇、非法套汇等大案要案的查处力度。2009 年，查处违规金额 1000 万元人民币以上的案件 11 宗，查处总局督办案件 2 宗，查处非法买卖外汇案件 5 宗，查处非法使用外汇案件 8 宗，查处非法套汇案件 2 宗。这些大案要案的查处，体现了外汇管理的严肃性，起到了宣传外汇政策、教育违规当事人的良好效果，提高了外汇市场主体遵守管理法规的主动性。

（三）加强外汇宣传和调研，保证外汇政策的可操作性

1. 进一步提高信息调研质量

密切关注经济形势发展，如对外汇收支分析中发现的异常情况做了大量的调查研究；针对金融危机对来料加工贸易及其外汇资金流动的影响，深入分析企业应对危机的现实需求及所面临的困境，并提出相关政策建议；对非居民结汇购房问题密切跟踪、深入研究；积极探索人民币跨境融资可行性；根据专项检查和案件调查中发现的新情况新问题开展调研等。

2. 通过多种途径，加强了外汇政策法规宣传工作

除日常通过电话、邮件答复银行企业的外汇管理法规咨询外，通过多种途径

对外汇管理新政策进行宣传和落实。一是认真组织，加强了政策宣传培训力度。针对国际金融危机爆发以来国际国内经济形势变化快、外汇政策调整大的情况，组织对辖区内银行及企业的大规模外汇管理政策宣传培训活动共50余场，培训银行、企业人员约1.5万人次。二是适时推出了便民服务卡，创新政策咨询会等形式，拓宽了外汇管理宣传渠道。三是坚持处罚与教育相结合，在严格事后检查的同时，组织召开了专项检查通报会，注重宣传国家外汇管理政策，警示违规经营风险，不断加强事前引导和诚信教育。四是举办了外汇管理法规知识竞赛。五是积极推进外汇信用体系建设，认真开展负面信息披露和诚信兴商宣传工作。

（四）加强外汇电子化建设，为外汇管理提供强大技术支持

1. 精心组织，周密实施，全力以赴保证了金宏系统上线运行

一是组织相关业务、科技人员，对辖区内深圳发展银行、平安银行、深圳农村商业银行、招商银行等13家主报告行进行接口程序验收，完成了银行上线准备工作。二是指导协调辖区内银行试点、上线运行工作。通过召开上线银行座谈会、组织辖内银行参加总局相关培训、设立咨询电话等形式，及时跟进各行上线准备进度，保证了试点银行能够按照总局的进度安排顺利开展试点阶段的各项工作。三是协调解决银行试点中存在的问题。截至2009年12月，49家外汇指定银行正式运行金宏系统。

2. 完成境外投资模块推广上线工作

2009年，直接投资外汇业务管理信息系统境外投资模块上线。深圳分局完成全部境外投资业务历史数据补录工作，顺利实现了对境内机构境外投资业务的全面电子化监测和管理。

3. 建立了备份系统，并针对不同业务系统，制定了备份策略

建立了统一的备份文件服务器，为有效管理备份数据，提高备份数据的可用性提供了更为直观高效的途径。同时，深圳分局加强了业务系统备用机的建设，增强了业务系统的应急处理能力。一年来，备份系统正常运行，数据备份及时，保证了数据安全。

4. 加强系统监测，开展应急演练

一是设立了重要信息系统安全监督员，密切监测个人结售汇系统、国际收支统计监测系统、出口核报系统、外债统计监测系统、外汇账户信息管理系统、直接投资外汇业务信息系统等重点信息系统的运行情况，并及时向深圳分局计算机信息系统安全领导小组报告，汇总后报告国家外汇管理总局。二是为有效预防、

及时控制和消除重点应用系统突发事件的危害，深圳分局组织拟订了突发事件应急处置预案，并成功组织了国际收支统计监测系统应急演练。通过演练，提高了干部职工的安全意识，锻炼了处置突发事件的协调能力。

（五）加强内控体系建设，完善了外汇管理的监督制约机制

1. 健全内控制度，大力推进政务公开

2009 年，深圳分局对各项内控制度进行了全面清理和修改完善，重点对行政许可事项加强了操作流程的合规性控制，进一步加强了内部权限分级管理，规范双人办理原则，明确业务办理时限的要求，实现了业务操作制度化、规范化。根据形势和政策的变化，及时对外公开各项办事指南，方便银行和企业查询。

2. 开展了内控监督现场检查

2009 年，深圳分局开展了内控制度执行情况现场监督检查，检查重点为内控制度制定情况、执行情况、外汇业务操作情况、重要空白凭证、印章管理、分级授权审批制度等。

3. 进一步规范了案件办理流程

一是将检查工作书面化，强化了岗位责任意识。二是将案件办理流程标准化。三是进一步扩展案件集体研究范围，对于案情重大、定性困难的案件通过集体讨论的形式，集中大家意见，形成处理建议，提交案审会审议。

三、银行业监管

（一）积极贯彻国家宏观调控政策，推动银行全力支持地方经济发展

在国际经济危机冲击下，深圳企业和银行均面临前所未有的困难。为落实银监会应对危机的总体部署，深圳银监局在年初及年中监管工作会议中多次强调，深圳银行业要结合深圳经济实际和自身发展战略，迎难而上，切实提升金融服务水平，完善金融服务功能，加大对经济发展的支持力度。采取了一系列推动银行全力支持地方经济发展的措施，在深圳引起了良好的反响，得到了政府、银行、企业的共同认可和高度评价。

1. 推动银企合作，深化金融服务，助推优质大企业危中寻机保增长

2009 年年初，组织召开在深圳经济发展中具有举足轻重地位的多家绩优龙头企业和深圳大型银行共同参加的银企座谈会，让银企双方面对面沟通交流，提出

需求，推介产品，寻求合作共赢切入点。为支持国家开发银行等更好地为以华为为代表的深圳外向型龙头企业提供金融服务，深圳银监局在充分调研的基础上，针对深圳的实际情况，在银监会的支持下，大胆创新，鼓励银行突破原有的业务模式，创新开展国际保理等业务，满足了企业的迫切需求。深圳银监局还着力推动组建银团贷款支持大型市政企业。2009年9月，深圳13家银行为深圳地铁集团公司提供了255亿元的地铁二期工程银团贷款，是目前深圳地铁建设史上规模最大的一次银团贷款。

2. 深入调研，多措并举，帮助中小企业力克时艰逆势突围

为使中小企业平稳渡过危机，深圳银监局组成专题小组，由分管副局长带队走访大量中小企业，深入了解中小企业生存状态和金融需求，据此提出中小企业金融服务指导意见。在深圳银监局的积极督导和强力推动下，深圳所有银行均设立了中小企业金融服务的专营机构或专营部门，做实了"六项机制"，形成了中小企业金融服务的框架体系。

3. 由市及区，主动沟通，全面促进金融服务纵深发展

深圳银监局一贯重视与市政府相关部门的沟通协调，2009年年初，局党委还专门致函深圳辖内6个行政区（以及光明新区）区长，表示深圳银监局愿积极配合各区政府深入推进银企合作，帮助企业危中寻机、抱团取暖、共克时艰，同时还针对各区经济金融发展的不同特点提出了诸多意见、建议。局长、分管副局长还前往各区政府登门拜访，听取各区政府对银行服务的需求，共商当前危机下如何帮扶企业走出困难，并现场解决金融服务中存在的问题。

4. 主动规划，积极引导，扩大银行网点服务覆盖面

深圳银监局实施《深圳银行业金融机构2009年度营业网点准入规划》，区别新老银行及各类创新型机构，并结合监管评级、服务质效、案发情况及承担社会责任等综合因素，针对辖内每个区域（大至7个行政区、细到55个街道办）提出了布设营业网点的具体指引性意见（如大力支持区域、适度限制区域、缓设或迁出区域等），鼓励银行兼顾自身效益和金融服务的辐射性及社会效益，在中小企业密集度高、金融服务薄弱区域设立网点，扩大银行网点覆盖率，保障辖内各区金融服务尤其是中小企业、农民工等弱势群体金融服务的充分、全面。同时配套设计了深圳银行业网点地图和安全评估系统，直观反映银行网点聚集状况。2009年中，全市净增营业网点超过70%设在关外。

5. 加强指导，全面参与，切实发挥银行同业公会推进金融服务水平的作用

深圳银监局2009年向中资银行同业公会、外资金融机构同业公会各派一名副

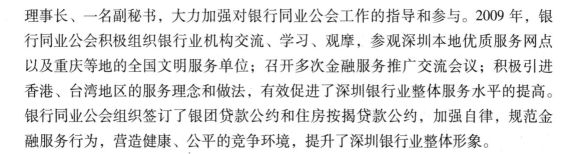

理事长、一名副秘书，大力加强对银行同业公会工作的指导和参与。2009年，银行同业公会积极组织银行业机构交流、学习、观摩，参观深圳本地优质服务网点以及重庆等地的全国文明服务单位；召开多次金融服务推广交流会议；积极引进香港、台湾地区的服务理念和做法，有效促进了深圳银行业整体服务水平的提高。银行同业公会组织签订了银团贷款公约和住房按揭贷款公约，加强自律，规范金融服务行为，营造健康、公平的竞争环境，提升了深圳银行业整体形象。

（二）敏锐关注重点风险领域，切实维护辖内金融稳定

深圳银监局认真履行监管职责，保持高度的敏锐性，及时发现、识别和防范风险，有效地防止了个别、局部的风险苗头演化为系统性风险，保证了辖内银行业稳健运行。

1. 严格规范房地产贷款业务，避免房地产市场泡沫影响银行业安全

2009年上半年深圳银监局投入210人天检查房地产业务，查出25个典型违规问题。深圳银监局要求银行必须采取有效措施严格落实按揭成数，保证首付款真实足额，严审借款人资质和购房用途等关键要素，切实控制房地产贷款风险，防止房地产的过度炒作，促进房地产市场稳健发展。深圳银监局还指导银行同业公会制定房贷业务操作守则，组织银行同业签订停止支付房贷中介返点费用的公约。

2. 以个人消费贷款现场检查为突破口，确保信贷资金满足实体经济需求

针对部分银行出现信贷资金流入股市的苗头，深圳银监局先后两次对9家业务增长迅猛的银行开展个人消费贷款检查，检查工作量162人天，发现了7个信贷资金违规流入股市的典型案例。深圳银监局迅速采取措施，要求银行整改和问责，严禁信贷资金违规流入股市，确保信贷资金满足实体经济需要。

3. 及时组织票据业务检查，维护市场正常秩序

针对2009年开年后的票据业务激增现象，深圳银监局组织了全辖票据业务专项现场检查，现场检查工作量120人天，查出12个典型案例，发现了票据业务中诸多违规新手法，引起银监会高度重视。深圳银监局重申监管要求，严禁虚开的、无真实贸易背景的票据业务，确保信贷资金服务实体经济。

4. 全面规范信用卡业务管理，及时遏制风险苗头

深圳银监局敏锐发现信用卡业务潜藏较大风险，并有可能滋生洗钱等犯罪行为，影响社会稳定。2009年开年即抽调30名监管骨干，投入15个工作日，对深圳地区信用卡业务进行了全面检查，检查覆盖了15家银行和22家特约商户，发现

了 26 个典型问题。随即，深圳银监局制定了《深圳市信用卡业务风险管理指导意见》，规范信用卡市场行为，引导信用卡业务健康发展。

5. 密切关注异地贷款，保证银行信贷资金安全

2009 年，充裕的流动性和区域经济发展差异使得深圳银行业异地贷款加速增长，异地贷款占贷款总量的比例一度达到三分之一。异地贷款有其存在、发展的合理性，但其固有的风险管理缺陷和经济运行的不确定性，给信贷资金安全带来了诸多隐患。深圳银监局要求银行充分考虑风险管理能力和成本约束等因素，合理确定异地贷款的规模、结构，制定并完善异地授信的区域准入标准、客户准入标准、项目准入标准，尽量采用内部银团方式开展异地贷款。

6. 敏锐关注银信合作，防范逃避监管行为

深圳银监局敏锐发现银信合作业务呈现异常激增，原因既有社会财富管理的实际需要，更主要的是银行通过信托平台，将表内信贷资产转为表外，借此回避项目贷款条件、资本充足率、存贷款比例以及集中度等监管要求，造成了杠杆率放大、风险加大的事实，同时也影响了监管部门对宏观经济形势的准确判断。深圳银监局迅速调研并报告银监会，得到会领导的高度重视。

7. 深入调研担保业状况，防风险于未然

针对深圳担保业良莠不齐、两极分化的状况，深圳银监局经过调研，提出了提高担保机构准入门槛、明确不同性质担保机构的功能定位、规范行业监管制度、加快再担保体系建设、健全风险补偿和分担机制等政策建议。要求银行在风险可控的前提下，积极稳妥地与担保机构开展业务合作，促进担保业健康发展，共同为中小企业提供金融服务。

8. 持续深入开展案防工作，确保银行业体系安全

深圳银监局不断督促辖内银行业金融机构建设案件防控长效机制，持续保持案防高压态势，在全国案防工作形势严峻的背景下，实现了零发案率的良好局面。通过自上而下签订案防目标责任书，建立多层次案防工作体系，层层落实案防工作目标和责任追究标准；组织辖内各行开展案件风险排查"回头看"工作，认真梳理和更新相关风险管理规章制度，加强制度后评估工作，巩固案防工作阶段性成果；建立一级和二级督导机制，落实银监会对案件高发、多发机构、网点和操作领域的分类督导要求，提高了制度执行力；强化业务和管理问责制度，明确追责的标准，严厉追究违规责任；建立滚动式检查机制和自我风险评估体系，强化案防工作思想保障，夯实案防工作常态化基础。

四、证券业监管

（一）全面推进上市公司规范治理，夯实市场发展基础

2009 年，深圳证监局在继续保持强势监管的同时，主动适应市场发展形势，适时调整监管思路，从以"他治"为主转向"自治"与"他治"并重，在引导上市公司提高自我约束意识和自律水平方面进行了积极的探索。

1. 拓展上市公司内幕信息知情人监管的深度

大股东、实际控制人不公平地占用上市公司非公开信息，既是公司治理的顽疾，也滋生助长了内幕交易行为，使得公司治理与市场治理的难题交织在一起。由于特殊的国情背景，对这一问题的源头治理困难重重。深圳证监局从 2007 年建立了上市公司内幕信息知情人登记制度，一方面对内幕信息知情人予以威慑，遏制大股东、实际控制人对非公开信息的不公平获取，规范公司治理；另一方面可以运用报备名单，有针对性地加强内幕交易监管，完善市场治理。这是立足国情背景和现行法律框架，应对中国上市公司特殊监管难题的开创性举措。

2009 年，深圳证监局继续拓展对内幕信息知情人监管的深度，取得良好效果，引起广泛关注。一是就报备的内幕信息类别及知情人名单的完整性、真实性，对部分上市公司实施突击检查，对发现问题的公司实施问责。二是要求辖区上市公司建立《内幕信息及知情人管理制度》，明确内幕信息和内幕信息知情人的认定标准、保密责任、内幕信息流转审批程序、内幕信息知情人登记备案程序，将监管要求转化为公司内部制度加以落实。三是进一步加大对内幕信息知情人违法违规买卖股票行为的查处力度，加大监管威慑力。在 2008 年对 7 家上市公司 11 位内幕信息知情人异常交易行为非正式调查的基础上，认定其中 6 人涉嫌内幕交易，2009 年完成对其中 3 名涉嫌内幕交易人员的立案稽查，已移送证监会处理；另 3 人因涉及交易股票数量和金额较小，深圳证监局对其采取了警示性谈话的监管措施。2009 年 5 月对这 6 名人员在辖区内予以通报批评。

2. 全面推动上市公司完善财务会计基础工作

上市公司作为公众公司，要确保信息披露的真实、准确、完整，其中最核心的信息就是财务会计信息，而财务会计基础工作又是上市公司会计工作最关键的环节。深圳证监局在监管中发现，有些上市公司财务会计基础工作比较差，严重制约了公司财务管理和会计核算水平，影响了财务会计信息的质量。为此，

2009 年深圳证监局在全国证券期货监管系统内，率先全面开展对辖区上市公司财务会计基础工作的调研和检查，从源头上提高上市公司财务信息披露质量。深圳证监局对辖区全部上市公司下发调查问卷，涉及近 160 个关键问题，要求各公司对照自查；对 31 家上市公司进行专项检查；召开"深圳辖区上市公司财务会计基础专项工作会议"，通报辖区上市公司在财务会计基础工作方面近 30 个典型问题，提出从"人才、制度、系统"三个方面抓好财务会计基础工作的监管要求。

3. 持续整治上市公司治理非规范行为

按照证监会的统一部署，督促在公司治理专项活动中尚未完成整改的公司剖析问题原因，落实整改责任，全面完成了"上市公司治理整改年"的各项工作任务；召开"深圳上市公司 2009 年治理规范会议"，剖析了上市公司在财务基础、对外投资、子公司风险、信息披露、公司治理等五个方面的问题，提出强化内控、杜绝侵占上市公司利益的行为、切实执行内幕信息和知情人管理制度等针对性监管要求。

4. 严格督促上市公司加强高风险业务的内部控制

推动辖区公司就高风险业务的品种、规模、止损底线、审批权限和操作流程建立专项制度，并将专项制度提交董事会或股东大会审议；将高风险业务作为现场检查的重点内容，对个别上市公司违规从事大额远期外汇交易等事项下发监管意见，及时督促公司整改；要求上市公司将高风险业务在 2008 年年报中进行专项披露，充分揭示风险；对违规从事境外期权交易风险事项进行持续监管，妥善化解风险。

5. 旗帜鲜明地反对绩差公司资产置换型重组

在继续大力支持资产重组，发挥资本市场资源优化配置功能的前提下，反对破坏资本市场资源配置功能，浪费占用市场资源，毒害市场文化的绩差公司资产置换型重组。向证监会提出限制绩差公司资产置换型重组的政策建议，向深圳市政府表示不支持辖区绩差公司破产重整的监管态度。对于资产置换型重组不予支持，对于资源整合型的重组，认真把好并购重组入门关，重点关注并购重组方的实力、背景和诚信状况，坚决打击并购重组过程中内幕交易、市场操纵等违法行为。

6. 大力推动辖区优质公司利用资本市场做大做强

2009 年，深圳证监局出具再融资持续监管意见 22 份。对于以整体上市和产业整合为目的的并购重组、定向增发，深圳证监局一直秉持支持和鼓励的态度。

2009 年，在华侨城整体上市、招商银行 A＋H 股配股、中国平安收购深发展等事项上，深圳证监局全力支持，积极推进。

2009 年，深圳证监局出具首次公开发行股票辅导工作的监管报告 33 份。除继续做好主板和中小板拟上市公司的辅导评估工作外，深圳证监局还大力推动创业板发行上市监管，做好对地方经济和企业的服务工作。一是对拟在创业板上市的公司进行深入摸底调查；二是组织召开创业板保荐机构工作会议、创业板市场发展座谈会，推动辖区 IPO 步伐；三是在保证辅导监管质量的前提下，优化辅导评估工作流程，加快辅导验收工作进度。

（二）持续推进证券公司合规体系建设，提高规范发展水平

1. 开发证券公司远程实时非现场检查（稽查）系统

经过 2009 年全年努力，深圳证监局建成了证券公司远程实时非现场检查（稽查）系统（以下简称"非现场系统"）。该系统连接辖区 16 家证券公司的信息技术系统，具备远程实时非现场检查、稽查办案辅助支持、IT 运行能力评估、视频监察等四大功能，可以根据监管实际需要，实现对辖区证券公司各项业务、财务数据数百个功能点的实时定量查询。

随着系统的投入使用，将在节约人力、时间等监管资源，保障监管数据真实完整性，提高监管统计分析功能等方面发挥重要作用，非现场监管将会在相当程度上取代现场检查和稽查取证。这是证券公司监管模式的一次革命性变化。

2. 持续推进证券公司合规管理体系建设

组织拟订合规管理评价工作方案及评价底稿，确定合规评价的关注重点，成果得到机构部推广。组织实施对全部 17 家公司合规管理的专项检查，及时掌握和分析合规体系建设和运行中的问题，大力推进整改。出版发行《证券公司合规管理》一书，对合规管理工作提供政策指导，行业反响良好。

3. 加大对营销人员执业行为的规范力度

以妥善解决某证券公司东门南营业部群体性事件为契机，督促证券公司平稳解决证券经纪业务营销活动中的遗留问题，率先在辖区内开展了违规代客理财专项自查及营销管理整顿工作。稳妥推进经纪人制度的启动和后续管理工作，要求证券公司在风险清理干净、各项准备完善后，成熟一家，推出一家。积极探索员工制营销人员管理的问题，制定《深圳辖区证券公司员工从事经纪营销工作指引》，从资格管理、执业行为规范、内部管理和控制制度、技术系统支持等方面提出规范要求。

4. 推动证券公司建立风险动态监控及压力测试机制

指导、督促各公司完善动态监控制度体系、工作流程；建设或升级监控系统，实现模拟计算、动态监控和自动预警；建立压力测试机制，完成以 8 月 31 日为基期的压力测试工作。测试表明，辖区各公司在假定压力情景下仍可保持足够充分的资本，大多数公司相关指标大幅高于监管标准。

（三）主动加强基金公司监管，促进健康规范发展

1. 召开首次辖区基金公司监管工作会议

2009 年 6 月 19 日，深圳证监局召开辖区基金公司监管工作会议。会上，深圳证监局分析指出了辖区基金公司在公司治理、投资研究、监察稽核、销售、运营、人力资源等六个方面存在的主要问题，向辖区基金公司提出了"尽责、合规、专业"的六字监管要求。要求基金公司在制度、机制上采取防范措施，加强对基金经理等投资管理人员通讯渠道、投资交易行为的严格管理、实时监控和定期检查；要求辖区基金公司树立尽责意识，形成良好风气，培育合规文化，把勤勉尽责的意识落实到公司运作管理的各个方面、各项环节。深圳证监局在会上严厉警告：对基金经理建"老鼠仓"的行为将重拳出击、绝不手软，发现一起、查处一起，并将严肃追究基金管理公司和高管人员在相关方面的管理责任。

会议还部署了 2009 年基金监管的四方面重点工作：加大对基金经理的监管力度；积极推进基金公司监察稽核工作；加大违法违规责任追究力度；加强信息系统安全建设。会议引起了市场对基金业规范发展的广泛关注，对基金业中一些违法违规行为起到了有效的警示和震慑作用。

2. 严厉打击基金经理建"老鼠仓"行为

2009 年，深圳证监局将对"老鼠仓"行为的整治作为基金监管的突出重点和首要任务。

2009 年 4 月，融通基金公司基金经理张野违规建"老鼠仓"案件曝光后，深圳证监局迅速查明了案件事实，对融通基金公司高管人员的管理疏漏进行问责，这是全系统首次采取此类行政监管措施。

2009 年 8 月 19 日至 21 日，深圳证监局主动出击，对辖区全部 14 家基金公司展开突击检查。检查发现两家基金公司 3 名基金经理违法违规买卖股票的线索，并迅速实施稽查提前介入，随后展开正式调查。目前已查清全部案件事实，移送证监会审查处罚。深圳证监局的监管行动对基金经理建"老鼠仓"的恶性行为予以严厉震慑，引起了社会的广泛关注和强烈反响，有媒体评价："深圳证监局这次

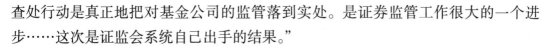

查处行动是真正地把对基金公司的监管落到实处。是证券监管工作很大的一个进步……这次是证监会系统自己出手的结果。"

主动治理基金经理"老鼠仓",是深圳证监局"思想、责任、创新、强势"作风的再次体现。深圳证监局顶住了可能造成深圳辖区是"老鼠仓"高发地误解的压力,雷厉风行并注重策略方法,取得显著成果。

3. 加强基金公司内控制度建设

一是草拟《关于进一步防范投资管理人员利益输送、违规买卖证券行为的通知》,对公司加强投资管理人员实时监控、建立个人利益冲突管理机制、追究高级管理人员管理责任等方面提出了明确和具体的监管要求。二是草拟《关于进一步加强基金管理公司合规管理的通知》,要求公司高度重视监察稽核工作,加大投入,确保督察长知情权、调查权、报告权,保障监察稽核工作的独立性;要求督察长切实负起责任,做出专业判断,提出合规建议,履行报告义务。

(四) 日常监管、自律管理和合规管理相结合,提升期货公司持续发展能力

1. 推进辖区期货经营机构诚信体系建设

利用深圳市期货同业协会的信息平台公开各期货经营机构财务及合规经营信息,方便投资者及时查询了解;推动深圳市期货同业协会建立"诚实守信挂牌制度",对违反自律管理规定的海南金元期货深圳营业部采取了临时停牌的自律管理措施;完善诚信档案建设,注重记录的完整性。

2. 积极为首席风险官履职创造条件

要求各公司及时修订章程,明确首席风险官的待遇及职权,改善首席风险官履职环境;下发《关于加强首席风险官报告工作的通知》,对首席风险官的报告内容、路径及时间提出明确要求;下发《关于改进首席风险官工作季报的通知》,制作《季度工作报告底稿》,指导首席风险官做好季度检查工作;要求填写《尽职承诺书》,督促首席风险官切实履行职责;组织召开辖区首席风险官培训交流会,交流履职经验和工作方法,解决共性问题。

3. 通过分类监管引导期货公司强化自我约束

协助期货部开展三次分类监管试评,征集辖区期货公司对分类监管评分标准的意见,积极向证监会提出修改建议;在《期货公司首次分类评价操作指引》出台后,指导辖区期货公司尽快适应分类监管政策导向,把分类评价指标融入自身风险管理体系;下发《深圳辖区期货公司和期货营业部合规管理手册》,帮助公司了解监管要求。在分类监管的导向作用下,期货公司强化了对合规的自主判断,提高了自我约束的意识。

（五）积极开展稽查和整非工作，有力维护辖区市场秩序

2009 年，深圳证监局按照"快速反应，重点投入，创新手段，注重实效"的稽查执法思路，较好地完成了各项工作任务并取得了显著的工作成绩。

1. 快速反应，及时查办敏感性大案要案

针对融通基金张野建"老鼠仓"案，深圳证监局在新闻媒体报道相关案情的一个月内，迅速完成非正式调查、固定证据、正式调查、冻结涉嫌账户、案件复核等工作，向证监会稽查局上报案件调查终结报告。此外，调查组还对张野进行教育和威慑，保障了行政处罚的顺利执行。该案的快速查处和有力执行彰显了深圳证监局稽查队伍的过硬作风和办案能力。

2. 主动查处，有效震慑违法违规行为

一是通过日常监管主动发现违法违规线索；二是深入、高效地开展非正式调查，对违法事实确凿的果断转为正式立案；三是从在办案件中发现新的违法线索。

3. 创新手段，积极开展新型案件调查

一是创造性地开展新型案件的查处。2009 年查办了以 QFII 作为违法主体、以"松散型联合买卖"作为操纵手段，证券从业人员"抢帽子"交易、基金经理建"老鼠仓"等新型案件，做出了开创性的探索，积累了宝贵的办案经验。二是充分利用信息技术手段查找线索，并加强对间接证据的搜集和运用。三是以制度建设保障执法效果。针对部分证券公司在保管客户交易资料方面管理不规范等问题，在全国证券监管系统内率先下发《关于加强客户交易资料管理工作的通知》，要求规范客户身份识别信息的数据存储。

4. 积极推进整非工作，净化辖区市场环境

一是巩固"联合防范、共同打击"的工作机制。召开整非联席会议，与相关单位日常沟通 82 次，多次组织整非业务培训，全年通过定期移送机制向公安部门移送非法证券活动线索 252 件，向公安部门等相关部门出具性质认定函 11 份，协同宣传、公安部门清理网络非法证券活动信息 183 条。

二是开发了整治非法证券活动信息管理系统，与深圳证监局信访系统有效对接，实现非法活动线索查询检索、汇总统计，任务交办督办等综合功能。

三是营造严打非法证券经营活动的舆论氛围。先后组织媒体宣传报道 33 篇，分两批曝光 148 家不具有证券经营资质的机构和仿冒合法证券经营机构网站的黑名单；将华美达、金股之王等典型案件判决情况整理成新闻素材，教育广大投资

者增强自我保护意识、远离非法证券活动。

五、保险业监管

保险监管部门始终牢固树立责任意识，注重把握保险市场规律，有序推进各项监管创新，不断提高监管的科学性、有效性，在防范化解风险、规范市场秩序、保护保险消费者利益、促进行业科学发展方面做出了有益探索，为深圳保险创新发展试验区建设提供了良好的环境。

（一）防范化解风险

把防范化解风险作为金融危机形势下监管工作的首要任务，始终密切关注市场动态，积极采取有效措施，努力化解各种负面因素对保险业发展带来的不利影响。一是加强对市场潜在风险的研究，突出风险防范重点。专门成立风险状况研究小组，提出了应特别关注的五类风险，并分别提出有针对性的防范化解措施。对一些重点关注公司，通过日报或周报方式实施监测。二是探索分类监管，不断提高风险防范的专业化水平。探索建立风险监测指标体系，对监测中发现指标异常或风险等级较高的公司综合采取多种监管措施，同时将风险评估结果作为机构、高管审批的重要参考。试行寿险公司现金流风险压力测试。对专业中介机构试行分类监管。三是进一步完善风险防范的工作机制。实施监管专员制度。坚持并不断完善保险公司季度风险排查机制。建立舆情监测、分析和危机公关机制。四是以"航翼网保险信息单"事件为契机，建立防范短意险市场风险机制。及时妥善处置了"航翼网保险信息单"事件引发的市场风波。同时，全面整顿规范短意险市场，下发 4 个规范性文件，检查 15 家保险公司，暗访机票代理网点 20 多家；制订短意险业务中长期治理方案，积极推动短意险费率改革和兼业代理机构清理规范，对保险公司意外险业务经营进行达标验收，探索建立防范风险的长效机制。

（二）规范市场秩序

围绕科学有效监管，在体制机制、方式手段等方面不断进行探索和总结，推动深圳保险业朝着健康有序的方向发展。一是在监管政策的制定上，注重对市场的敏感性和政策措施的针对性。针对产险市场秩序和经营效益问题，先后下发规范中介业务管理、加强车险赔款支付管理、建立车险理赔信息行业共享机制等文件通知。针对寿险误导问题，专门下发通知规范寿险展业管理。针对保险兼业代理市场较为混乱的问题，出台了《深圳市保险兼业代理管理暂行办法》，全面开展兼业代理机构许可证重新换证工作，并依法注销2085家逾期未换证机构的兼业代理资格。同时，积极探索功能监管，严把高管人员准入关，完善高管人员任职资格审批操作指引，推行高管人员任职资格许可前谈话和必要的法规知识测试制度，通过行政审批传递监管导向的机制逐步建立和完善。二是强调联动监管。内部打破处室界限，产、寿、中介业务监管相互联动，现场检查既涉及保险公司，又延伸到相关中介公司，实行"同查同处"。三是严格执法，重拳出击。全年共处罚保险公司6家，保险中介公司11家，处罚保险公司高管人员6人。

（三）保护被保险人利益

深圳保监局以1号文件的形式印发了《关于开展保护保险消费者利益工作的若干意见》，探索建立由保险监管机关、保险机构、行业组织和社会力量组成的"四位一体"工作机制。一年来，围绕"四位一体"工作机制的建立，保护保险消费者利益的各方面工作扎实推进：一是指导保险同业公会成立了"保护保险消费者利益工作专业委员会"和"保险消费者权益服务总站"，在各级法院的指导下试点开展小额保险消费纠纷案件诉前调解。全年服务总站共受理各类投诉、咨询205起，立案受理92起，结案87起，结案率95%。二是针对消费者反映强烈的理赔难问题，下发车险理赔服务指引，从多个环节对理赔服务提出要求；建立车险理赔服务质量评价指标体系，对各公司车险理赔服务质量进行跟踪、分析、监测。同时，指导行业落实交强险项下财产损失"互碰自赔"处理机制和交强险项下赔款先行支付制度，提高支付效率。三是下发《深圳保险消费者保护工作目标考核评价暂行办法》，拟对各公司保护消费者利益工作进行量化考评，考评结果将向社会公布。四是进一步加强信访工作。2009年消费者有效投诉同比减少19.28%。

（四）加强监管队伍建设

在干部选拔使用方面，组织实施处级领导干部竞争上岗，积极探索干部能上能下的有效机制；以直选方式产生新一届团委，努力形成有利于优秀人才脱颖而出的选拔任用机制。在干部培养教育方面，积极探索人岗相适的机制和办法，选派干部到保监会、深圳市政府部门、保险公司、保险同业公会挂职锻炼。在干部管理方面，积极探索建立科学的干部考核评价体系，局党委与各处室签订工作目标责任状，将完成情况与年度考评挂钩；制定《深圳保监局干部问责办法（试行）》，严格监管纪律，加大责任追究力度，从严管理干部。

（五）加强行业基础建设

一是认真学习、宣传、贯彻落实新保险法。二是加强行业宣传。组织全行业首次召开保险宣传工作会议。深圳保险业还首次以整体组团形式参展深圳金博会，集中展示行业形象，成为深圳金博会的一大亮点。三是推动保险理论研究。组织开展了深圳保险业改革开放 30 周年征文活动。组建了深圳保险业专家决策咨询委员会。初步建立了保险业与政府和院校联合开展课题研究的机制。四是加强行业组织建设。指导保险同业公会和保险学会顺利完成换届工作。

第四章
2009 年深圳金融生态环境的建设

一、市政府支持金融业发展的政策与金融稳定工作

（一）政策引领深圳金融发展

金融作为深圳市支柱产业之一，一直受到市委、市政府的高度重视，支持金融业创新发展出台的政策力度逐渐加大。2009 年，随着《珠江三角洲地区改革发展规划纲要（2008—2020)》的发布，进一步明确了深圳市建设区域金融中心的发展方向，把构建多层次的资本市场体系和多样化、比较完善的金融综合服务体系作为目标，具体提出了支持符合条件的优质企业上市融资，扩大直接融资比重、培育具有国际竞争力的金融控股集团、大力发展金融服务外包产业、建设辐射亚太地区的现代金融产业后援服务基地等具体任务。2009 年，创业板正式在深圳证券交易所推出，标志着深圳市多层次资本市场体系又向前迈进了一步。

2009 年，深圳市政府发布了《深圳市支持金融业发展若干规定实施细则》（以下简称《实施细则》），这是对 2003 年《深圳市支持金融业发展若干规定》的细化和补充。《实施细则》加大了对金融机构和金融人才的扶持力度，扩大了支持金融机构和金融人才的奖励额度，表明了深圳市政府发展金融业的渴望与决心。

2009 年，深圳市政府出台了《深圳市小额贷款公司试点管理暂行办法》，更好地规范了小额信贷公司的秩序，有效配置金融资源，为缓解中小企业融资难问题开辟了新的途径。

（二）促进金融生态建设，维护金融稳定

2009 年，人民银行深圳市中心支行积极贯彻落实国家宏观调控政策，认真执行适度宽松的货币政策，密切跟踪货币政策的实施效果，深度调查了解国家各项行业振兴计划在当地的实施效果及问题。对银行业、证券业、保险业的整体运行情况和风险状况进行监测，支付结算与清算制度建设取得新进展，逐步完善社会征信体系，加大反洗钱的检查深度和广度，维护了深圳金融稳定的局面。定期召开金融监管联席会议，就一些涉及跨行业、跨部门的问题，加强与其他监管机构的沟通协调，防范系统性风险。加强与市政府相关部门的协调，稳妥处理突发事件，进一步完善了风险处置机制。

2009 年，深圳市政府积极支持举办各种金融论坛，营造良好的金融发展环境。与国务院发展研究中心金融研究所联合举办第五届中国金融市场论坛，与中国保监会联合举办中国风险管理与保险国际论坛并积极争取其永久落户深圳，首次举办银行间合作高峰论坛，支持举办中国保险公估国际论坛，支持和讯网、网易、广州日报在深圳举办 2009 中国创业板峰会等。

二、诚信体系建设

2009 年，深圳市的社会信用体系建设进程加快。完善企业和个人信用信息基础数据库，并利用已有数据，建立了深圳市企业信贷风险定期提示机制；发起成立了深圳市信用评级协会，积极推动深圳市信用评级工作；探索建立了深圳市信用评级分析师资格考试制度，积极探索推动信用评级业务市场化；积极做好个人征信信息的查询、核对和检查工作，促进央行个人征信系统信息的合法合规使用。

（一）个人信用征信系统建设

深圳市个人信用征信系统由深圳市政府于 2001 年 3 月委托鹏元公司承建。迄今为止，鹏元征信有限公司是深圳市乃至广东省唯一一家从事征信事业的公司，截至 2009 年 12 月 31 日，从业人员较 2008 年增长 20%，在提供数据的覆盖率、质量及安全性等方面取得了长足进步。该系统经过 6 年多的不断发展和完善，已征集到国家和地方多个政府部门和金融机构的信用信息，涵盖全国近 13 亿人口。系统于 2009 年实现了广东省社保数据的全面上线，3 月 1 日正式对外提供广东省个人信用报告的查询服务。系统年提供信用报告超过 1000 万份，防范和化解了大量

银行信用风险业务的发生，有力地推动了深圳市社会信用体系的建设和发展，它是我国目前为数不多且比较规范的个人征信系统之一，获得了国家多个部委和许多省市的赞同，被广泛誉为"深圳模式"，并于 2005 年 10 月被列为深圳荣获全国文明城市的"十大创建工程"之一。鹏元征信有限公司凭借对深圳个人信用征信系统的杰出建设，于 2009 年 3 月 29 日获国家发展和改革委员会办公厅颁发的第一批国家信息化试点单位资格。

（二）企业信用征信体系建设

1. 企业信用信息系统征信情况

2009 年，深圳市企业信用信息中心建设的企业信用信息系统（社会诚信平台数据库）先后吸收市人事局、无线电管理局、公安局消防局、公安局公共信息网络安全监察分局、高新办、广东电网公司深圳供电局六家单位为第五批成员单位，成员单位已发展到 62 家（机构整合后为 55 家），征信面覆盖市级行政机关、司法机关、行业协会和部分公用企事业单位。

目前，系统数据达到 8000 多万条，其中企业数据 7000 多万条，个人数据 435 万条，不良数据 160 万条，荣誉数据 198 万条，深圳信用网网站访问量达到 1224 万人次，平均每天在线访问量达 10000 人次。系统数据实行四种交换方式：通过政府信息资源平台实现信息自动采集，约占信息采集总量的 66%；由信息提供单位实时手工上报，约占信息采集总量的 11%；由企业自报信息，约占信息采集总量的 11%；通过 WEB 服务接口采集信息，约占信息采集总量的 11%。

2. 企业信用信息系统应用情况

根据业务需要和市场需求，增加深圳信用网服务功能，企业信用信息系统成功进行技术开发，把身份证核查功能嵌入工商注册登记系统，解决了企业注册登记时核实身份证真假的难题；开通香港企业信息查询通道，为市外资企业联合年检和社会提供港资企业信息查询服务；与江苏、成都、湖南等省市签订互联互查协议，拓展深圳信用网查询空间。2009 年，企业信用信息系统通过市委党政机关专网为全市公务员提供免费信息查询 590324 人次，通过深圳信用网免费为成员单位提供信息查询 134104 人次，通过信息查询窗口平均每天受理打印企业信用基础信息单申请 100 多人次。2009 年来累计受理机关、企事业单位来函 101 件，为 500 多家企业出具无违法违规信用证明，办理企业信用报告 200 多份。市企业信用信息系统已经成为深圳市大部分银行发放企业贷款或进行其他授信时必查的三大信用信息系统之一。

企业信用信息中心自主研发的市企业信用信息信贷风险预警系统在深圳市金融机构得到广泛应用，截至 2009 年年底深圳市已有 180 多个在深银行网点和 30 多家非银行金融机构在日常金融业务活动中应用该系统，累计查询企业 180 万户次。

3. 深圳市企业信用立法情况

《深圳经济特区企业信用促进条例》被市政府列入 2009 年度二类立法计划，由深圳市场监督管理局承担法规起草工作。该条例主要规定了深圳市征信系统建设、企业黑名单制度、守信激励和失信惩戒制度等内容，将把深圳市企业信用体系建设纳入法制化轨道。2008 年深圳市场监督管理局向深圳市法制办提交了条例草稿和起草说明，2009 年 1 月和 7 月深圳市法制办两次向社会公开征求意见，深圳市企业信用信息中心积极配合市法制办对条例草稿修改完善，10 月深圳市法制办完成对条例草稿的初审，做修改后将视情况提请市政府审查。

三、金融基础设施建设

2009 年，金融基础设施建设力度加大，福田金融中心区、罗湖蔡屋围金融中心区进入快速建设阶段，南山科技园金融创新服务基地、龙岗平湖金融后台服务基地完成一期工程，开始进行招商引资，南山后海金融商务区开始进行规划建设。其中，深交所营运中心施工较为顺利，周边 4 个金融机构项目联合招标已经完成，中心区第二批金融用地已经奠基开工。

支付结算系统建设取得新的进展。运用空头支票系统影像化功能，实现了空头支票行政处罚标准化、规范化管理；制定了支付系统参与者风险管理规定，加强了辖区支付系统直接参与者的头寸管理，提高了支付系统运行效率和支付系统风险管理水平；出台了银行卡受理市场管理办法，组织清理了商业银行违规间联 POS 机具，深圳银行卡市场的受理环境进一步优化。

四、金融信息化建设

（一）银行业信息化

深圳银行业信息化建设主要由中国人民银行集中管理，各分行主要配合总行进行信息化建设的具体实施。

1. 招商银行信息化建设概况

2009 年，招商银行在信息安全技术基础设施建设方面，一是实施了第一期安全总控中心，初步建立了一套运行中心日志统一集中的管理平台，实现了现有开放系统、安全设备和网络设备日志的自动化采集、分析、告警、备份和归档，在海量的日志信息中快速定位真正的安全事件，为安全事件的事前监控、事后分析和响应提供了一套自动化工具和平台，提升了银行安全运维管理水平。二是完成全行办公网防病毒系统升级项目，实现了全行防病毒系统的统一测试，有效避免了误杀带来的重大安全隐患，实现了全行防病毒系统的统一升级，显著提高了防病毒客户端病毒定义的及时升级率。三是增强了客户端的恶意软件防护能力，为全行终端外设防护预留了技术手段。四是完成了邮件出口和互联网出口的"数据防泄露系统"的部署工作，有效地提升了银行互联网渠道敏感数据的安全管控水平。五是邀请了国家信息技术安全研究中心等外部专业机构对网上银行进行了安全测评，避免了中高风险的安全漏洞发生。

2009 年是招商银行 IT 工作取得良好成效的一年。该行 IT 第四次入选"中国企业信息化五百强"，并获得"最佳企业信息化效益奖"；网上银行项目获得"重大企业信息化建设成就奖"；个人网银获得和讯中国电子银行测评"最佳网上银行奖"；CBS 跨银行现金管理入选中国《银行家》"金融产品十佳奖"；银和理财、6S 资产托管综合业务平台分别获得深圳市金融创新一等奖、二等奖。信息系统运行总体平稳，银联系统指标保持全国第一，电子银行替代率提高到 74%，较大幅度地领先国内同业，保障了全行业务的平稳高效运营。

2. 深圳发展银行信息化建设概况

2009 年，深圳发展银行在系统建设和运行方面，IT 条线认真贯彻"降低风险、控制成本、提高效率、强化服务、建设队伍、持续发展"的工作方针，一是在生产运营管理方面深化 IT 服务流程管理、建立了生产联系会议制度等五项管理创新，实现了全年主要业务系统可用率 100%。二是全年实施了 IT 应用项目 147 个，新立项 105 个，成功投产 105 个，包括新版网上银行、供应链金融线上化（汽车）、电子式储蓄国债、新综合柜面、影像及事后监督等一批重点项目的成功投产，为银行业务发展和品牌创新提供了强有力的支持。三是成功实施新机房规划、全行网络架构再造等 20 多个基础设施建设项目，有效缓解了业务发展的瓶颈制约。

2009 年，深圳发展银行网上银行业务规模和范围比 2008 年有了明显增长，新版网银开发工作如期完成并成功上线，建立了全行的 B/S 结构类系统的 UI 设计规范。2009 年网银荣获了"最佳自主创新奖"、"最佳用户体验奖"、"最具成长性网上银行奖"和"投资理财业务单项进步奖"等多个奖项。

3. 平安银行信息化建设概况

2009 年，平安银行在信息系统开发方面，主要开展了包括一账通卡、一户通、运营集中、零售信贷全流程、新国结系统、新中间业务平台、资产托管系统、总账系统、ALM/FTP 系统、BESB（银行企业总线）、BECIF（银行客户信息管理）、ODS 等在内的多个重大项目建设。这些项目的陆续投产，极大地提高了银行信息化水平，为客户提供了更多的产品选择，也为银行在新的历史条件下全面完成各项经营指标和既定战略目标创造了技术条件。

2009 年，平安银行在数据中心建设方面，完成了数据中心观澜搬迁切换项目，确保了银行数据中心处理能力能有效支撑银行业务的高速发展。平安银行在灾备中心建设方面，实施了平安银行上海张江灾备系统建设项目。该项目共完成了 114 个银行子系统中 72 个子系统的灾备搭建工作，并计划在 2010 年搭建完成其余的 24 个系统的灾备环境。该项目的最终完成将有力提高平安银行信息系统应急处置能力。

4. 深圳农村商业银行信息化建设概况

2009 年，深圳农村商业银行在信息系统建设方面，一是重点完成了新一代核心系统的开发测试、并行演练，为 2010 年新一代核心系统的正式上线打下了坚实的基础。二是完成了全辖营业网点的 MSTP 主备电路建设，开通启用了中国电信和中国联通两条高速网络专线。

2009 年，深圳农村商业银行在维护和完善现有生产系统运行环境方面，主要实施了机房监控项目，利用监控平台的建设对故障处理进行有效的积累，为全行业务的 IT 容量管理提供了强大支持。

总体来看，这四家银行的 IT 治理结构逐步得到了完善，信息系统建设力度在不断加强，数据中心和灾备中心的运行保障能力也更为可靠。从未来发展看，各银行信息化建设重点将进一步在管理和技术两方面整合现行信息系统的运行架构，不断规范系统开发、系统运行和系统应急体系，搭建合理、快速和高效的信息科技平台以有效支撑银行金融新产品业务的持续升级换代，充分打造一支一流的信息技术队伍，确保银行信息化建设水平的持续提高。

（二）证券业信息化

1. 证券公司信息化建设

2009 年深圳各证券公司始终将信息技术视为公司业务运作的重要基础性平台，以及创新发展的核心竞争力，高度重视信息系统建设和组织人员的管理及培养，对 IT 资源的投入给予充分保障；继续围绕深入推进信息技术治理的目标，结合交易所重要业务、系统上线，监管机构国庆维稳等工作要求，在组织、人力、资源等方面进行了统筹部署，积极组织实施，取得了积极成果。

（1）重大项目及系统运行建设

平安证券公司实施了金证新一代核心交易系统更换项目；完成 E 点通（手机炒股、联名卡）、ETF 套利系统、绩效系统建设，为经纪业务提供产品及销售管理支持；完成新集中清算系统建设，提升运营效率，对账机制达到行业领先水平，降低了运营风险；完成簿记建档系统建设，为固定收益发行业务提供支持；完成数据应用平台阶段性建设，为监管报表、营销等外围系统提供经纪业务数据服务，并完成了深交所创业板上线工作。

长城证券公司完成了 7×24 小时三方存管业务系统，全面解决客户在非交易日和交易时间的转账需求；完成宏汇网上交易系统建设，满足小部分客户个性化的需求，为 ETF 套利等新业务的开展创建必要的条件，同时还完成了财富通系统、统一开户系统、深圳证监局非现场检查系统和审计管理系统建设等。

中信证券公司的信息化建设也取得了较大进展，年内信息技术中心并行开展的建设项目达到 38 项，其中 30 项已经完成或即将上线，有些项目如投行委知识管理平台、债券销售交易平台、用户登录安全及数字证书系统项目等都具有大量的创新点，在业内处于领先地位。

国信证券公司 2009 年的交易量创出新高，全年交易量达到 5 万亿元、委托 3.3 亿笔。它们通过利用高可用性技术保证、规范运行和变更管理及自动化监控等手段，保持了系统稳定运行并顺利完成维稳工作，交易系统可用率达 99.991%，为历年来最好。2009 年国信金太阳手机证券经过一年的开发、推广，系统功能得到大幅度提升，并获得客户、市场、厂商以及监管机关的普遍认同。截至 2009 年年底注册客户数达 180 万，获得客户的普遍认同。公司的网上交易系统还相继推出了"金太阳版"、"多账户理财版"等项目，继续保持网上交易在行业的领先地位，使公司网上交易系统可支持近百万客户同时使用，非现场交易量委托笔数已经占到总量的 97%。

华泰联合证券公司完成了 15 个业务新系统的建设，包括自主研发"金通道"（集中交易柜台一站式开户）系统，大小非减持控制系统，"金钥匙"（新一代网上交易移动数字证书产品 Ukey）系统，基金智能定投业务系统，新基金工作平台系统，客户信息管理系统（ECIF），"联盈理财"服务产品支持系统等。

华鑫证券公司全年完成了七大重点项目工作及 20 多项主要项目工作，全面改善了公司运行维护的基础环境，为核心业务系统的稳定运行提供了良好的保障，全面提高了公司核心业务系统的运行能力和效率。

银泰证券公司在2009年相继完成了单账户多存管（金如意）系统、客户身份识别系统、证监局非现场检查系统、经纪人监管系统、访客系统和投资管理系统的建设。同时对公司核心交易系统、网上交易系统和公司网络结构进行全面优化，以提高系统的容错性能，防范外部不安全的访问和入侵，降低风险系数。

英大证券公司年内启动的重大技术改造项目包含了新网站项目、短信平台项目、CRM项目、协同办公、人力资源及五大综合管理模块项目、企业内部门户建设项目、信息系统安全等级保护测评项目、资产管理系统建设、基金代销系统建设与多家基金公司的接口建设等。

中山证券公司搭建了金仕达净资本监控系统，以加强公司的风险控制管理；搭建了金仕达证券营销服务系统，实现对经纪人的管理，公司集中交易系统也顺利升级换代为"小核心，大外延"的金证新一代集中交易系统。

安信证券公司在2009年完善了三方存管、电话委托、法人结算、客户资料管理、风险管理等系统的灾备体系，且满足了监管部门的要求；优化广域网架构，提高了网络的安全性；完成手机炒股系统升级换代，进一步扩充完善系统功能；完成ETF套利系统建设，并创新实现客户远程ETF交易渠道；完成CRM系统架构调整和硬件升级，彻底解决了CRM的性能瓶颈；完善风控系统建设，新增数据报送和经纪人监控模块，升级净资本监控模块等。

（2）信息安全管理

第一，各证券公司持续加强信息安全风险管理，积极开展信息系统的信息安全定级、自查与评估，信息系统信息安全规划与实施等安全优化工作。完善了信息安全保障体系，保证各项安全保障工作职责到人，定期检查各项工作落实情况。

第二，狠抓内部规范管理，提高风险管理水平。在做好原有制度修订的基础上，新增了信息技术规范、工作指引和配置管理，提高管理的规范性，同时加大专业技术培训的力度，将专业培训常态化，提高部门员工业务知识和能力。

第三，根据监管部门关于信息安全的要求，为加强证券公司局域网络的安全管理，净化网络运行环境。2009年各有关证券公司进一步加大了桌面管理和准入管理的推进力度，力求使总部员工基本上完成桌面管理终端软件的安装，在局域网开启了准入管理功能。

第四，根据监管部门和经纪业务部控制开户风险的要求，有关证券公司设计开发了营业部开户审核系统，该系统集成了公安部联网身份认证，二代证身份读卡器等身份认证手段，以电子手段帮助操作员判断客户证件的有效性。

第五，加强了网站和网上交易系统安全保护和系统监控，形成了对假冒网站的安全监控、处理体系和流程，保护投资者利益。建立了系统运行安全的预警体系，形成了事故响应机制，制订了信息系统应急预案，保障信息系统能够及时恢复。组织外部网络安全公司对公司网络、网站及网上交易系统进行全面安全检测与评估，加装防火墙及 IPS 硬件系统，以此来提高门户网站和网上交易系统信息安全防护能力。

第六，以"稳定安全、高速高效、多种接入、相互备份的建设"为目的，实现各营业部到总部、总部到交易所等的高速接入，使各营业部能实时快速登录数据中心，便于数据的集中，适应企业管理扁平化的需求。同时根据证券行业及公司自身的特点以及业务发展的需要，开发业务数据交换平台，实现公司交易系统数据、网站数据、短信平台数据的实时和定期交换。

（3）上海证券交易所新一代系统上线工作

各证券公司专门成立了以技术总监为首，由信息技术部、营运管理部、经纪业务部门、风控部门等骨干人员参与的上线工作小组，制订了完备的工作计划和工作方案，并根据上交所的要求对原有集中交易系统应急方案进行了补充，纳入新一代系统切换出现问题时的应急处理方案和详细流程。对整个切换工作进行了详细的步骤分解，并将责任落实到人，使整体切换工作按时顺利完成，交易业务平稳过渡。

2. 基金公司信息化建设

（1）信息技术工作方面的概述

第一，将系统安全运营作为工作重点，全面梳理完善制度。2009 年各基金公司 IT 治理的目标是指导 IT 投资策略、控制风险、提高收益，确保 IT 战略与业务发展方向一致，并保证 IT 价值最大化。经过多年的持续努力，各基金公司已经建立了较为完善的 IT 治理结构，夯实了 IT 委员会在公司 IT 治理中的核心作用。2009 年基金公司信息系统建设的重点是信息系统安全管理与信息系统运维管理，进行的相关信息系统项目包括 IT 设备集中监控、网络核心交换机更换、反垃圾邮件网关、桌面安全管理及网络准入、网络安全网关及上网代理等。

第二，完善公司信息系统应急预案。根据中国证监会和深圳证监局的统一安排，各基金公司完善了公司信息系统的应急预案。在完善过程中充分考虑到信息系统可能会发生的各种紧急事故，针对每一种事故都制定了详细的应急处理步骤，制定了完善的报告制度，尤其是针对公众性的系统事故，更是将责任落实到岗、落实到人。通过采用各种技术手段和管理手段相结合，保证信息系统全年的正常稳定运行，所有重要业务系统均未发生重大事故。

第三，采取积极措施，进一步提高系统安全性。结合中国证监会的要求，为了进一步加强信息系统运营安全管理，各基金公司重点全面检查公司网络和系统安全环境，加强主机和网络安全管理，执行网络隔离制度，加强防病毒/补丁管理工作；加强安全监控，执行严格的密码管理制度；加强信息安全管理，对所有的日志进行留痕和检查，真正做到可以检查、可以追溯；增加了上网行为管理设备和 SCCM 桌面管理系统，加强了对员工的桌面管理，加强了公司信息安全的保护；更换了杀毒软件，将交易网和办公网的杀毒软件进行分离，避免了风险的集中化；增强了重要网络设备的冗余，消除了单点故障；增加了动态网络监控服务，及时发现来源于 Internet 的攻击，做好预防准备。同时采取切实措施，保证在国庆 60 周年期间不发生任何安全事故和群体性事故，有力地配合了国庆维稳工作。

第四，做好上交所新一代信息系统上线工作。上交所在 2009 年 11 月推出了新一代交易系统，这是整个证券行业的大事。各基金公司对此高度重视，安排与投资交易相关的各岗位全程参加了上交所的各项测试，并顺利完成了系统上线工作。

第五，在系统开发工作中加强项目管理，通过建立信息安全体系和 IT 服务管理体系，落实对信息服务工作的记录、控制和服务水平管理，提高服务质量和用户满意度。2009 年各基金公司对于前台的业务系统如投资交易系统进行了大版本的升级；对 TA、直销和估值系统进行了持续的改造。在管理支持类系统建设中，知识管理系统逐渐摸索出自主开发与外部支持相结合的新开发模式。

（2）各项设施建设和运行、维护情况

第一，继续完善网络建设，通过增加对关键网络设备的冗余，完全消除了整个网络拓扑结构中的单点故障，极大地提高了网络的高可用性。调整并优化了多条通信线路，降低了公司运营成本，同时也提高了线路的高可用性。

第二，加强对交易系统的升级维护，2009 年投资交易系统最主要的工作是配合上交所新一代交易系统的升级，同时进行了公平交易、算法交易、银行间模块等多项测试工作。在 TA 和直销系统方面，通过对 TA 和直销系统的不断优化完善，提高了系统的处理速度，同时也大大减少了数据同步和备份的数据量，为灾备系统的建设奠定了基础。

第三，确保各项安全保障措施落到实处。继续完善制度建设，对信息技术制度继续进行完善和修订，并完善了信息系统应急预案和演练方案，制定了应急事故报告流程。增加系统监控设备，提高了系统监控覆盖面。提升系统安全，较好地完成国庆维稳任务。2009年我国迎来新中国成立60周年大庆，安全维稳工作成为年度工作重点。为全面做好维稳工作，各基金公司都制订了详细的应急方案，并组织了全行业灾备演习。进一步加强系统安全建设，优化网络结构，扩展通信带宽，扩充存储容量，部署终端管理工具，同时还借助外部力量全面提升系统安全管理水平，圆满完成了国庆维稳任务。

第四，加大了软件系统建设力度，改变了以往重硬件投入轻软件投入的状况。在软件系统的建设中加大了自主开发力度，例如，在统一门户及投研平台建设上，将办公系统、CRM系统及报表中心等不同技术平台的系统进行了整合，解决了多年来多个系统相互独立的局面。在其他自主开发系统方面，有先行的基金公司根据现在与未来的发展需要，先后自主开发了投资顾问集中交易管理系统，此系统的主要功能是将委托投资部的投资建议传达到交易部，由交易部集中统一对外下达投资建议，从而实现交易部的集中交易；开发了基金分红公告自动生成系统，此系统的主要功能是将公司旗下的基金分红公告进行统一管理，自动生成公告文本，防止公告文本手工修改的错误，并能进行流程审批；开发了指数、基准、净值叠加分析系统，该系统实现了数据的采集和整理，指数基准净值叠加，自定义指数，指数行情，行业指数等功能。此外，还为提高客户服务水平开发了基金网上交易实时短信发送系统，此系统的主要功能是为网上交易的客户实时发送相应的业务短信，包括客户资料修改、申购、赎回、定投等。

（三）保险业信息化

2009年深圳保险业加快了信息化建设步伐，信息化基础架构建设步入成熟轨道，各公司依托总公司统一平台，基本全面实现数据大集中管控模式，信息化服务行业发展的能力和水平迈上新台阶。

1. 保险行业内部信息共享平台建设取得新进展

（1）深圳市保险机动车综合信息平台建设已完成硬件设备采购

车险综合信息平台建设坚持中保协提出的统一标准、统一软件、统一接口、统一业务流程的原则，经过了周密计划和筹备，以及业内外专家的反复论证，完成了《深圳市保险机动车综合信息平台建设总体规划方案》和《深圳市保险机动车综合信息平台一期建设方案》。在人民银行深圳市中心支行的支持下，该信息平台机器设备托管到深圳金融联结算中心。2009年12月29日，经过公正、公平的招标程序，最终确定了三方诚信招标代理公司为平台项目的招标公司，信息平台

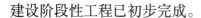

建设阶段性工程已初步完成。

　　该信息平台的作用主要表现在四个方面：一是全方位满足广大市民的车辆信息服务。信息平台的建立，可以为广大车主提供交强险承保信息、商业险承保信息、车船税信息、理赔信息，以及多种金融工具支付信息查询的"一站式"服务，有利于广大车主行使知情权和监督权，同时也较好地保护了保险消费者的合法权益。二是完善道路交通的综合治理作用。信息平台的建立，通过实施保险机动车辆因违章而采取的保险费率浮动机制，政府各相关部门，以及保险企业可以随时了解投保车辆总体违章情况，对违章驾驶员起到心理震慑作用，促使驾驶员安全驾驶，从而确保城市道路交通的安全畅通。三是发挥对政府相关部门的辅助管理职能。交警部门利用实时共享的交强险承保信息系统查验违章车辆，确保交警严格执法；交通运输部门通过信息平台系统，掌握了解营运车辆投保交强险和承运人责任法定保险情况，确保乘客人身生命和运输财产的安全；市地税部门通过平台车船税系统及时了解车船税征收情况，加强税收征管，对不缴纳车船税的车主及时进行行政处罚，确保国家税收不流失；市统计信息部门和市政府办公厅等综合部门，通过平台系统全面了解掌握深圳市机动车的登记年审、保险、纳税、事故等信息，为市领导和市政府制定道路交通综合治理决策提供数据支持；公安刑侦部门通过信息平台系统，对相关车辆信息进行分析汇总，保证车险案件的顺利侦破。四是提高保险行业科学管理水平，防范或化解各种风险。通过信息平台的建立及其相关功能作用的实施，实现承保企业对承保车辆的费率浮动及相关业务政策的标准化管理，大大提升了保险企业的科学化管理水平。社会公众通过平台交换信息，对车辆信息的真实性有了可靠依据，也较大程度杜绝了中介、保险代理，以及修理厂家在保险承保和理赔业务中的违法违规行为，有效降低了保险企业的承保风险和理赔风险。

　　（2）交强险理赔信息简易共享查询系统为交强险费率浮动提供了准确的参考依据

　　深圳市交强险理赔信息简易共享查询系统自 2007 年 8 月 1 日开通以来，受到了各会员公司的一致肯定和认可。交强险理赔信息简易共享查询系统按照中国保监会的相关规定要求，对深圳市现有各经营车险保险公司承保车辆的理赔数据进行汇总、更新、共享发布和数据维护工作，平台每月实行两次数据交换，从现有经营车险的保险公司提取交强险理赔数据信息，各保险公司根据平台发布的深圳地区的车辆保险理赔数据，对交强险费率实行浮动，保障了交强险费率浮动的顺利实施。

2. 各公司业务系统建设不断完善

（1）加强基础平台建设

随着保险业务的快速发展，各公司加强了对核心系统和网络服务系统的升级优化工作。主机设备进行了升级，优化了网络服务系统。如中国人寿完成各类基础平台重点项目13个，信息化基础得到进一步夯实。国寿财险和人保健康完成了核心系统迁移工作，系统处理能力大幅提高。太保产险服务器组采用 Cluster 技术，数据库服务器的稳定性和安全性得到了极大的提升。各公司推进了营业网点的基础设施建设，国寿财产启动了 SSL VPN 选型及实施项目，对原有 IPSEC VPN 进行持续调优。太保产险把服务功能下放到一线，加大了 IT 设备投入，铺设 VPN 网络。各公司的办公自动化系统的开发和应用进一步完善，工作效率和质量得到明显提高。美亚新的数据中心建成并投入使用。

（2）开发完善系统建设

第一，见费出单系统正式上线运行。深圳保险业自2009年1月1日起，开始实施保险机动车辆"见费出单"制度。各产险公司针对新规则，建立见费出单系统，经过不断改进和完善，目前，见费出单系统运行正常，有效控制了车险的应收风险。

第二，推进业务系统改进项目建设。各公司结合业务实际需要和适应新保险法的要求，加大了业务系统的更新改造力度，上马了一批新项目。部分产险公司自主开发了"理赔时效监督系统"、"承保理赔信息自主查询服务系统"，对车险理赔从报案至结案的每个环节进行服务时效的监督，进一步提高了理赔速度。部分寿险对无线营销系统进行了技术创新，为短期意外险保费的创收找到了新的业务增长点。此外，各公司在销售管理平台、业绩短信系统、业绩龙虎系统、综合业务系统、新团险业务系统 EBA、银行业务系统、电子商务平台、营销员综合支持平台，以及营销员渠道管理系统、渠道信息查询系统、电销系统、团险系统、卡单业务管理系统等方面进行了技术改造，为公司一线的销售、客户服务和公司内部办公方面提供了强有力的信息技术支持，提高了工作效率，方便了员工和广大客户。

第三，加强员工培训管理系统建设。大部分公司开设了员工网络培训系统，并进行了适当技术改造，增设部分新功能，丰富了课程内容，较好地满足了员工各方面的学习培训需求。多数公司都开发了"反洗钱培训系统"，为公司反洗钱工作的开展奠定了良好的科技基础。部分寿险公司还开发了卫星远程教育系统，为营销培训统一品质，降低了公司的运作成本。

第四，完善客户服务系统建设。部分公司建立了集中电话中心系统，向广大客户提供 7×24 小时服务，并开通了短信通知服务功能和电话外呼催收保费功能，有效地支持了电话营销工作的开展。完善公司的电话支持系统、续期过程管理系统和短信息管理平台等系统，提高了工作效率和客户的满意度，促进了业务的发展。各公司都加强了对客户服务系统体系的建设，客户满意度不断提升。如太保财产设计了全员客户的 IT 支持体系，建立了短信交互服务平台，使客户通过短信即可查询到核价金额、赔款划拨、保费到账等信息，并设计了更为完善先进的大客户 IT 支持平台。太保寿险完成了客户综合管理平台项目架构的搭建，其中的客户积分管理平台已经投入使用，为客户带来了更多回馈服务。

3. 信息化安全机制进一步健全

第一，不断完善制度建设。建立一整套较为完善的 IT 服务流程及管理制度是信息化安全防护工作的重要保证。各公司在运营中，不断完善信息安全制度建设，通过制度的建设和执行，有效保障了信息系统的安全运行。如出口信用公司制定了《机房管理制度》、《计算机设备、网络使用管理办法》、《网站运行维护管理办法》、《信息系统用户权限管理办法》等一系列管理制度，为公司信息化建设打造了一个安全、可持续发展的环境。人寿财险在原有制度体系的基础上，重点制定下发了信息系统备份制度，完善了信息系统应急预案，进一步提升了数据安全保障能力和公司信息系统抗风险能力。

第二，积极开展灾备演练。各公司积极进行灾备演练工作，通过不断完善灾难恢复响应程序，提高灾备中心硬件的性能，缩短灾难恢复响应时间，完善灾难恢复预案，大大地提高了信息系统持续运营和防范灾难风险的能力。如友邦经过两个月的精心准备，顺利完成了 2009 年度灾难备份演习，演习的范围包含了新上线的投连险核心系统 Ingenium，演习的范围和难度都超过往年。美亚在淮海路的外包灾备中心完成了年度灾难恢复演练，主要的数据和应用程序在 48 小时内完全恢复并通过用户的测试。

（四）其他行业信息化

1. 个人征信系统信息化建设

由鹏元征信有限公司承建的"深圳市个人信用征信系统"（以下简称征信系统）自建设以来，不断采取措施进行系统优化和完善，提高系统的信息化水平。2009 年度征信系统信息化建设的具体措施包括：网络系统升级；软硬件平台升级的准备工作；优化和完善系统功能，提高系统的稳定性；定制个性化征信产品，为客户提供优质高效的信用信息服务等。

（1）网络系统升级

2009年2月，征信系统网络由64K DDN专线成功升级为2M SDH数字电路专线。2009年5月，全面实现征信系统接入端的2M SDH网络升级工作。截至2009年12月底，已有18家机构用户完成升级。

此次网络系统升级，有效解决了大数据包传输问题。新2M SDH数字电路比原有的64K DDN专线传输速度快了近32倍，基本消除原有的网络瓶颈。升级后的系统网络具有灵活的扩展性，可根据客户需求扩大带宽至4M、6M、8M等，有效地解决了系统网络传输问题。在设备的选用上，本次网络升级全部采用了华三的H3C路由器及交换机产品，相比原有的思科产品大大降低了成本。在新旧系统并存的情况下，新旧系统之间的网络采用了4光纤电路与4交换机的全冗余网络架构，确保了网络的高可靠性和可用性。

（2）系统软硬件平台升级的准备工作

随着业务量的不断增长，对征信系统的处理能力和稳定性提出了更高的要求。为此，2009年年初，鹏元征信有限公司开始着手对征信系统的数据库系统和应用系统进行升级。系统升级的主要工作如下：

数据库系统升级：购置小型机和存储设备，搭建SAN环境，提高数据库系统的响应速度和稳定性。

应用系统升级：购置更高性能的服务器和更具扩展性的中间件，实施负载均衡，提高系统的处理能力和处理速度，保证系统的高可用性。

截至2009年年底，已完成了硬件设备的采购和测试工作。计划将于2010年上半年完成系统软件、应用软件和安全软件的采购工作与系统的升级上线工作。

（3）新产品开发与系统优化

第一，开通广东省社保信息查询服务。2009年，征信系统开通了广东省个人和企业缴纳养老保险信息查询服务，数据范围覆盖广东省21个地级市的全部参保人。此项服务的开通，为商业银行、小额信贷公司和汽车金融公司等机构在广东省范围内的市场开拓提供了信用数据支持，同时也标志着征信系统的服务能力由深圳地区成功扩大到了整个广东省。

第二，开通第二代居民身份证验证服务。2009年5月，鹏元征信有限公司开始着手第二代居民身份证信息读取与验证软件的开发。用户只需在电脑上安装一个读取设备，登录征信系统以后，就可以方便地对第二代居民身份证进行真伪验证和身份证信息读取。该服务开通后，有效地解决了身份证真伪的验证，以及由于户籍信息缺失给客户带来的困扰。系统操作简便，验证结果清晰准确，展现方式直观易懂，受到了客户的广泛好评。

第三，新增小额信贷评分。近几年，随着国家的政策支持，小额信贷业务得到了飞速的发展，放贷规模不断扩大，小额信贷公司对风险控制的要求越来越高，因此原来通用的信用产品已经不能满足小额信贷业务发展的要求。针对小额信贷业务的现状，鹏元征信有限公司专门开发了个性化的小额信贷专用评分，较好地满足了客户的需求。

第四，大批量查询任务自动分割。对于用户提交的查询请求，系统原有的处理方式为按顺序逐一处理，然而一旦查询数量激增，系统响应时间将明显增加。为有效解决该问题，将系统调整为并行处理方式，将一个大的查询任务分割成多个小的任务同时处理，有效地提高了系统的处理能力，减少了客户的等待时间。

深圳市个人信用征信系统成功地实现了企业和个人信用信息的关联，为政府机构、金融行业、公用事业单位、企业和个人提供了方便快捷的信用信息服务，为在全国范围内推广地区信用体系建设提供了试点和示范作用。

2. 企业信用体系信息化建设

（1）按时完成社会诚信平台数据库项目建设

该项目是市政府建设城市数字资源中心所规划的六大平台数据库之一，是市政府 2009 年的重点工作。该项目建成后将联通深圳市企业和个人信用信息系统，实现深圳市社会信用信息的信息共享和资源整合，为政府和社会提供统一的社会信用信息支持和服务，从整体上提升深圳市信用建设的水平。2009 年年初企业信用信息中心配合深圳市政府采购中心完成了项目招标采购，上半年完成项目的需求调研和总体设计等工作，下半年完成项目的技术开发，10 月底项目上线试运行。

（2）积极推进深圳市电子商务信用体系建设

为配合深圳市推进电子商务信用体系建设工作，企业信用信息中心积极协助深圳市场监督管理局电子商务工作小组的调研工作，派人先后赴宁波、杭州、重庆调研，走访了深圳本地的电子商务平台企业，如淘宝网、腾讯、波特网、商机网和融资城网等。在推进办电子商务小组和企业信用信息中心的共同努力下，企业信用信息与电子商务平台数据链接已在波特网、融资城网等电子商务平台开通，网上买家通过此功能，可以在线查询平台企业和网上商户（卖家）的信用信息，使电子商务企业交易更加安全。企业信用数据在电子商务平台上的应用，对规范电子商务市场交易秩序和建立市场信心具有十分重要的意义。

（3）积极推进工程建设领域诚信体系建设

根据《深圳市工程建设领域突出问题专项治理实施工作方案》的要求，为解决工程建设信息公开中的不透明不规范、市场准入和退出机制不健全、工程建设领域信用缺失等问题，企业信用信息中心配合市科工贸信委制订了工程建设领域诚信体系建设工作方案，在市社会诚信平台数据库系统基础上，通过完善和扩充来建设工程领域的诚信系统，以有效遏制工程建设中的商业贿赂行为和不正当竞争行为。方案主要思想是：在诚信平台数据库中建立涉及工程建设领域的检察院、住房建设局、银行等部门和行业的信用信息子目录；对行贿受贿、中介违规操作、专家评标不公正、发生重大安全事故等情况列入工程建设领域黑名单记录系统；制定工程建设领域数据交换、信息共享机制；扩充和定制社会诚信平台数据库系统原有的通用服务接口，设计专门的工程建设领域的诚信信息服务接口，与相关部门的业务系统进行对接。

3. 黄金交易信息化建设

2009 年，深圳电子结算中心设计研发的"黄金交易二级系统"正式推出上线。该系统可以实时分析计算机系统所有客户的交易风险；可以支持多级代理模式；可以支持上海黄金交易所的所有交易品种；可以提供多渠道接入机制，让不同的访问者按要求的性能、可靠性和安全标准与交易所系统交换信息；有先进的技术和业务架构使新业务推出时减少资源投入；使用 Java 语言开发，具有跨平台运行优势，便于使用方根据业务发展进行跨平台部署。系统有效完善了我国现有黄金交易平台的建设，有力推动了我国黄金交易市场的进一步发展。

五、深圳金融行业协会建设

（一）深圳市国内银行同业公会

1. 自律规范市场秩序，积极营造良性金融生态

（1）组织深圳银行业签订自律公约，在全国率先取消住房按揭贷款佣金

第一，密切关注市场动态，引导同业稳健发展。自 2007 年以来，部分银行通过向房地产中介机构及其代理公司支付"佣金"等不正当竞争方式，抢夺二手房按揭贷款业务，导致市场秩序混乱，银行营业成本费用大幅增加，严重影响该业务的稳健发展和深圳银行业的整体形象。同业公会密切关注市场动态，多次深入银行调研掌握具体情况，召开会议广泛听取各行意见和建议，组织会员银行共同起草《深圳市国内银行业二手房按揭贷款业务自律公约》。在多次书面征求各行意见和建议基础上，最终形成具有高度共识的《深圳市国内银行业住房按揭贷款业

务自律公约》（以下简称《公约》）。2009年9月16日，各会员银行行长在《公约》上签下了庄重的承诺，标志着深圳银行业住房按揭贷款业务进入自律规范、自我约束、稳健发展的新阶段。

第二，监督履行《公约》约定，全面遏制恶性竞争。为了督促各签约银行全面履行《公约》各项约定，2009年9月23日，同业公会召集各签约银行，对贯彻落实《公约》进行具体部署，要求各行于10月1日前，将《公约》内容及各项要求传达到辖属相关部门、支行和从业人员。各分行要加强《公约》执行过程中的内部监督和检查力度，强化从业人员的职业道德和诚信教育，严肃处理违反《公约》的机构和从业人员，共同营造合规经营、良性竞争的金融生态。2009年11月2日，为掌握《公约》履行情况和可能出现的问题，消除房地产中介机构及其代理机构对签约银行的干扰，同业公会积极部署履行《公约》自查工作，并于12月23日召开自查情况通报会，强调各签约银行必须坚决贯彻执行《公约》各项约定，必须将履约的重点放在按照《公约》约定管好相关费用和从业队伍上。

第三，维护银行合法权益，营造良性竞争生态。《公约》签订后，在同业公会的积极协调和监督下，各签约银行通过内部发文等形式，自觉将《公约》传达落实到辖属相关部门、支行和从业人员，并按照《公约》约定，及时清理与房地产中介机构及其代理机构签订的各类合作协议，分行层面全面停止支付房屋按揭贷款佣金。据初步统计，按2009年各行"返佣"比例，《公约》实施后，至少每年为签约银行节约4亿元左右费用。

在《公约》出台前后，同业公会还顶住了多方压力，果断处理南枫、盛联按揭服务公司员工请愿事件；及时协调沟通新闻媒体，做好信息通报和舆情监测工作；积极参加市政府金融办主持召开的协调会，解释说明《公约》性质和积极作用；广泛联系各签约银行，及时研究解决《公约》履行中的新情况和新问题；及时向监管机关报告《公约》执行动态，争取监管部门的支持；书面回复市维稳办，消除有关部门的顾虑；积极协调深圳市房地产经纪协会，促成深圳市场份额排名前六位的房地产中介机构作出不再向银行索取佣金的承诺。

在全体签约银行的共同努力下，深圳住房按揭贷款业务市场秩序得到全面规范，同业恶性竞争态势得到有效遏制，业务成本费用大幅下降，良性市场竞争生态初步形成，有力地维护了深圳银行业的合法权益和银行业整体声誉，《公约》取得了预期效果，并得到金融监管部门领导、签约银行及新闻媒体的高度肯定。

（2）积极落实中央政策，全面推动和规范银团贷款业务

为贯彻落实中央关于"保增长、扩内需、调结构"的政策措施和中国银监会

关于"加大银团贷款推进力度"的指示精神，同业公会积极主动协调深圳市政府相关部门，指导银行业金融机构合作开展银团贷款业务，有效防范金融风险，成效显著。

第一，积极部署，全面推动和规范银团贷款业务。深圳银监局刘元局长在2009年深圳中资银行业监管工作会议上，传达贯彻银监会刘明康主席讲话精神，专门针对银团贷款业务的组织推动进行了强调和总体部署。此后，刘元局长、刘南园专职副会长逐一与深圳市工、农、中、建和国开行行长座谈，专门听取各行的意见和建议，并就深圳银行业如何进一步推动和规范银团贷款业务进行研究，要求各行紧紧抓住2009年深圳市政府推出一大批重点建设项目的有利条件，以推行银团贷款方式进一步促进银行间业务合作。

第二，主动协调，建立深圳市重大项目银团贷款协调沟通机制。一是建立与深圳市发改委、财政局、金融办等政府部门的联系沟通机制，全面及时了解深圳市重点项目建设、重点企业融资信息动态，配合地方政府部门推进基础设施项目建设。二是通过召开联席会议、组织合作洽谈会或签约仪式等形式，鼓励银行以银团贷款方式做好深圳市重点项目和重点企业融资服务，分散并防范银行授信风险，规范信贷市场秩序，解决银行贷款集中度等问题。三是在建立深圳市重大项目银团贷款协调沟通机制的基础上，结合深圳实际情况，制订《深圳银行业组织银团贷款支持市重点项目建设和重点企业融资实施方案》，根据实际情况积极引导银行组织银团筹组工作，重点协调涉及面广、沟通难度大的客户和项目，全面推动"方案"的具体落实。

第三，培养人才，重视银团贷款核心团队建设工作。2009年2月19—20日，在中国银监会和中国银行业协会的大力支持下，同业公会按照深圳银监局的工作部署，以建设银团贷款核心团队为目的，组织开展深圳银行业"银团贷款业务培训班"，内容包括"银团贷款合作公约"、"银团贷款法律实务与文件架构"、"银团贷款流程与业务操作"、"银团贷款业务发展与监管"，邀请中国银行业协会、银监会监管一部及国内银团贷款业务专家、资深律师授课，深圳市各国内银行公司业务部、风险管理部、授信审批部、法律部负责人和业务骨干参加了培训。

第四，夯实基础，建立健全制度和行业自我约束机制。一是根据中国银监会《银团贷款业务指引》要求，参考中国银行业协会《银团贷款合作公约》约定，顺应当前经济金融形势，修订深圳银行业《银团贷款合作公约》，大力推动辖内银行加快银团贷款业务发展。二是成立银团贷款业务专业协调委员会和工作小组，制定委员会《工作规则》，建立并完善银团贷款制度建设，规范操作细则，搭建信息交流、项目筹组、数据报送等交流平台，为各行开展银团贷款业务提供便利条件。三是为促进银团贷款业务规范有序发展，深圳银监局将各行银团贷款业务经营、管理和规范状况纳入银行业运营管理质量评估办法中，并要求银行基于审慎经营和诚实守信原则，履行承诺，严格遵守公约各项约定。

（3）丰富公约内容，完善统一办理司法协助机制

2009 年 8 月 17 日，深圳市中级人民法院与深圳市国内银行同业公会联合召开"2009 年度国内银行协助执行工作座谈会"。新成立的北京银行深圳分行等 6 家银行负责人签订了《深圳市国内银行统一办理司法协助公约》。会议在《2008 年 3 月深圳市国内银行协助法院执行工作座谈会会议纪要》（以下简称《2008 年 3 月纪要》）基础上，进一步规范了法院工作人员的执行程序和执行行为，细化了银行协助人员的操作流程和工作要求。为了解决银行执行案件积压问题和外地法院在深圳执行过程中遇到的各类问题，深圳中院表示将积极帮助予以协调解决，并指定由深圳中院执行局综合处负责。对于各行在协助深圳市两级法院执行过程中发现的执行干警存在不符合有关法律法规及会议纪要的行为，可向同业公会和深圳中院执行局综合处反映。上述要求和其他一系列约定，形成《2009 年 8 月纪要》，再度丰富了公约内容，也进一步完善了统一办理司法协助机制。《深圳市国内银行统一办理司法协助公约》已经成为深圳银行业自律履约的典范，极大地提升了深圳银行业的品牌形象和美誉度。

2. 切实维护银行业合法权益，积极探索债务重组新思路、新举措、新方式

（1）多方协调，促成政府相关部门启动打击银行卡和自助银行犯罪专项行动

2008 年 12 月以来，深圳银行业发生多起不法分子使用高科技设备（包括银行卡电子读卡器、刷卡机、无线针孔摄像头、配套软件等）针对银行卡和自助银行作案的案件。面对复杂的形势和受损银行及其客户的期盼，一方面，同业公会发出风险提示，要求各会员银行加强安全防范措施，同时收集既遂案件、未遂案件、案件损失等情况；另一方面，同业公会将有关案件发生情况及时通报深圳公安部门，请公安部门予以打击。为此，同业公会于 2009 年 3 月 31 日向深圳市政府紧急提交了《关于严厉打击并持续遏制不法分子针对自助银行作案的请示》，提请市政府协调公安和工商部门，采取专项整治行动，清理整顿电子市场，加大案件侦破力度，采取灵活立案标准，积极受理银行报案，打击犯罪分子的嚣张气焰。深圳市相关领导对此高度重视，并作出重要批示：由市公安局牵头，市工商局、深圳银监局等部门配合，采取联合行动，在加大打击针对自助银行犯罪行为的同时，对电子市场进行清理整顿。由此促成深圳公安和工商等部门开展为期三个月的专

项打击行动。

（2）积极探索债务重组新思路、新举措、新方式

近几年来，深圳银监局、同业公会与各债权银行一道，努力使身处债务危机的上市公司，通过引进战略投资者注入资产，利用市场机制重组上市公司，使公司恢复造血功能，重新上市交易，最大限度保障银行债权，以此降低深圳银行业信贷资产风险，并且探索出一条通过债权人、债务人和战略投资者三方协商谈判，利用证券市场资源配置优势，使陷入债务危机的企业重新恢复活力，解决银行不良债权的新思路、新方式。

第一，和光商务公司债务重组取得阶段性进展。2008年以来，在深圳银监局的领导和同业公会的积极协调下，和光商务公司13家金融债权人组成了金融债权人委员会，开展债务重组工作。经过各方两年多来的不懈努力，债务重组工作取得了阶段性进展。第二，继续推动思创集团债务重组。2009年12月，思创公司拟引入财务顾问——华来利公司，并提出债务重组意向：在各债权人免除全部正常利息、罚息和复息的基础上，华来利公司向思创公司提供融资性安排，一次性清偿各债权人全部本金，同时各债权人立即解除相关查封。各方同意重组分三步实施：第一步，各方就重组意向达成共识；第二步，制订并签署框架方案；第三步，在同业公会协调监督下，各方履行框架方案各项要求。

3. 搭建学习、交流与业务合作平台，着力提升深圳银行业整体服务水平

（1）为持续提升深圳银行业服务水平搭建学习交流平台

组织深圳银行业共同分享同业先进的服务理念和服务经验，既是同业公会的重要工作，也是全面提升深圳银行业整体服务水平，打造深圳银行业高端服务品牌地位的重要措施。2009年，公司公会组织安排了一系列学习、考察和交流活动。一是组织全体会员银行对深圳地区22家"2008年中国银行业文明规范服务示范单位"进行复查，同时就银行服务进行现场观摩、学习和交流，并初步评选出6家示范单位，参与中国银行业协会"百佳"示范网点评选；二是组织17家会员银行服务部门负责人，对参与"百佳"示范网点评选的6家单位进行检查，同时请6家单位向全市24家银行代表介绍各自在服务方面的经验和做法；三是组织深圳银行服务考察团赴重庆、成都考察，参观学习重庆、成都两地文明规范服务示范单位网点建设和服务经验，分享服务心得和体会；四是组织深圳银行业服务经验交流会，请工商银行、中国银行、建设银行、招商银行以及深圳发展银行的代表分别就大堂经理服务、理财服务、投诉处理、支行网点服务、分行服务管理等五个主题做经验介绍。

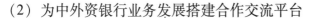

（2）为中外资银行业务发展搭建合作交流平台

为深化中外资银行业务合作，共同应对全球金融危机对深圳银行业带来的冲击，2009 年 4 月 24 日，同业公会举办由深圳中外资银行负责人参加的"深圳中外资银行业务合作座谈会"。会议就如何充分发挥中外资银行各自优势，寻求优势互补；如何进一步加强资金业务合作；如何加强中资银行与外资银行境外机构在资金、贸易融资业务等方面的合作，利用境外低成本资金，打通跨境同业市场等进行了广泛而深入的探讨。会议还分享了各自在国际贸易融资业务风险控制方面的经验和做法，以及外资银行在财富管理业务方面的经验。

（3）为会员单位举办税务法规知识培训

为更好地履行纳税义务，模范地履行社会责任，2009 年 5 月 7 日，同业公会邀请国税海洋分局专家为中外资银行业金融机构进行税务法规知识培训。专家详细讲解了新企业所得税法及相关政策、汇算清缴等工作要求，介绍了纳税服务工作情况、纳税办理实务，并就银行业纳税问题进行了详细解答。

（4）为促进和深化深港金融合作积极探索

2009 年 12 月 18 日，同业公会组织召开香港居民在深圳办理银行业务法律与实务研讨会，深圳人民银行、深圳银监局、深圳市律师协会和 20 家银行代表认为深圳银行业应在充分调研和论证的基础上，探索制定既能控制相关风险又能服务香港居民的银行业统一操作指引，在取得监管部门认可的前提下，可以在全国先行先试。对因两地法律差异或未尽规范而出现的问题，在全面调研的基础上，向金融监管部门或立法机关反映并提出建议，推动并最终解决内地银行为香港居民提供银行服务所遇到的法律或其他深层次问题，并以此促进和深化深港金融合作。

（5）为会员单位举办期货知识、金融衍生产品交易知识、私人银行业务知识培训

为推动深圳银行业务转型，促进深圳理财业务和私人银行业务发展，提升从业人员财富管理和服务水平，2009 年，同业公会分别从北京和深圳聘请专家，为会员单位举办了期货知识、金融衍生产品交易知识、私人银行业务知识等系列培训。通过培训，学习借鉴国外先进银行在财富管理和私人银行方面的管理经验、服务理念和经营方式，紧紧抓住当前深圳银行业发展理财业务和私人银行业务有利时机，全面提升财富管理和私人银行服务水平。

（6）为深圳广大社会公众积极营造安全、高效、便捷的用卡环境

为正确引导广大社会公众更好地知悉和掌握信用卡安全使用知识，有效提升持卡人风险防范意识，营造安全、高效、便捷的信用卡服务环境，根据中国银行

业协会的倡导，2009 年 7 月 28 日，同业公会在中信城市广场举办深圳银行业"安全用卡宣传周"活动启动仪式，并举行"快乐护航、安全用卡"路演活动。近 30家深圳发卡银行（中心）、银联深圳分公司和银联专业化公司参与了活动，深圳市政府金融办、中国人民银行深圳市中心支行、深圳银监局等相关领导出席活动并作了重要讲话。为确保活动取得实效，同业公会制订了详细的活动方案，并向所有发卡银行、银联、专业化公司和社会公众推出了《信用卡安全使用手册》和《信用卡安全使用宣传海报》等宣传材料。

（二）深圳外资金融机构同业公会

2009 年是深圳外资金融机构同业公会（以下简称公会）成立的第十一年，也是充满机遇与挑战的一年。自年初以来，公会认真履行自律、维权、协调、服务的宗旨，在全球金融海啸冲击的大环境下，全力帮助会员克服业务中存在的和潜在的种种困难，化不利为有利，引领会员积极应对金融风暴，继续倡导改革创新，在逆境中寻找新的机遇；随着中国经济快速复苏，公会更是引导外资金融机构抓住有利时机，加强银企合作、银银合作、银保合作工作，在不断发展壮大外资金融机构的同时，努力为深圳金融业健康有序的发展做出了应有的贡献。

1. 进一步完善内控体系，帮助会员应对业务中遇到和即将遇到的冲击与困难

（1）受国际金融海啸的影响，深圳外资银行也直接或间接地受到一定冲击，在经营中遇到了资金流动性、外债指标短缺等许多困难与问题。公会第一时间召开临时理事会了解情况，专门召集各专组核心成员召开会议，及时地将问题反映给人民银行和银监局，并由正副理事长专程拜访人民银行领导，提交书面报告。针对报告，人民银行行长张建军给了十分明确的答复。随后，秘书处进行逐家会员摸底了解情况，并协助安排有需要的会员与人行领导座谈。

（2）2009 年年初，在新的金融形势下，为了帮助会员进一步了解新一年国内外经济形势及货币政策的走势，公会赴广州从化成功举办了"深圳外资金融机构同业公会货币政策研讨会"。

（3）为了帮助会员参与到 2009 年深圳市政府主导的重点建设项目融资，公会人民币专组赴深圳发改委拜访并提交相关书面报告，力争以外资银行联手提供银团贷款或双边贷款等方式参与政府项目融资。

（4）外资银行的授信业务多以中小企业为主，而中小企业受金融海啸的影响，利润大幅减少或亏损，风险逐渐加大，公会为了帮助会员解决企业授信方面的困难，向人民银行争取到了企业"黑名单"，并为会员提供查询服务。公会人民币专

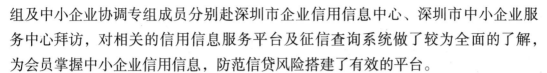

组及中小企业协调专组成员分别赴深圳市企业信用信息中心、深圳市中小企业服务中心拜访，对相关的信用信息服务平台及征信查询系统做了较为全面的了解，为会员掌握中小企业信用信息，防范信贷风险搭建了有效的平台。

（5）组织召开合规经理会议，加深了各会员合规经理的交流与联系，使外资金融机构在原有的完善严格的内控机制基础上，更进一步提高了风险预警与管理能力，为会员更好地开展业务、稳定健康地运行奠定了良好的基础。

2. 多方协调，努力为会员创造优质合作平台，谋求更多正当权益，把握机遇，寻求更广阔的业务发展空间

（1）银银合作

第一，努力为深圳中外资银行间的业务合作搭建桥梁，抱团取暖，共同应对全球金融危机对深圳银行业带来的冲击。在深圳银监局的关怀下，公会与国内银行同业公会联合成功举办了"中外资银行业务合作座谈会"；此后公会人民币专组相继走访了建设银行深圳分行、江苏银行深圳分行、招商银行、中信银行、深圳发展银行等中资行并进行了座谈，为进一步开展中外资银行业务合作明确了方向与内容。

第二，为了帮助会员拓展新的业务领域，公会成功组织了"银银业务合作交流座谈会"，会议邀请了从规模、业务、客户定位等方面都与外资银行有颇多共性的七家新驻深圳的城商行（江苏、渤海、上海、北京、包商、杭州、宁波）参加，会上，各行在资金、同业拆借、国际贸易、银团贷款等多方面提出了具体的合作方案。

（2）银保合作

第一，公会成功主办了与保险业同业公会春茗联谊会，为在深外资银行与外资保险公司搭建了交流合作的桥梁，为银行开拓中间业务奠定了良好的基础，对满足银保共同客户的多元化需求有极大的帮助。

第二，为推动会员间外资银行与外资保险公司的交流与沟通，公会召开了银保合作研讨会，通过分享银保合作的经验与技巧，探讨银保合作模式，为会员搭建了有效的银保合作平台。

（3）深港合作

多次征集会员对深港金融合作的意见与建议，提交书面报告给市政府领导、金融办、人民银行与银监局。2009年10月，随着《〈内地与香港关于建立更紧密经贸关系的安排〉补充协议六》的落实和生效，香港银行可通过内地子行在广东省内申请设立"异地支行"。就此事宜，公会及时协调安排会员赴银监局拜访熊涛

副局长、陈飞鸿处长，请示关于港资银行在广东省内跨区设立支行审批权界定事宜。

（4）跨境贸易人民币结算

自 2009 年 7 月跨境贸易人民币结算业务在试点城市推广以来，公会协助人民银行组织会员参加深圳市跨境贸易人民币结算试点启动仪式以及人民银行举办的跨境贸易人民币结算业务培训、推荐会；并安排人民币专组部分成员赴人民银行拜访崔瑜副行长，了解关于跨境贸易人民币结算业务相关政策。在第一时间将跨境贸易人民币结算 91 家企业名单转发给各会员，以便会员顺利开展业务。

3. 结合外资银行自身的特点，为了减少和避免会员对法规理解的偏差，极力帮助会员提高法律法规特别是新法规的正确认识和理解

（1）开展定期或不定期的法律法规讲座，邀请政府相关部门和专家对会员进行宣讲、培训、释疑解难，督促会员严格遵守和执行我国的各项法律法规，坚持依法合规经营，自觉维护行业信誉，防范操作风险。

（2）定期组织会员参加中国银行业协会等权威机构举办的各项培训班，提高会员从业人员的业务水平，促进会员单位总体素质的提高。

（3）根据外资银行的需求，经公会多次协调与联系，安排外资银行员工参加人民银行举办的常规反假货币上岗资格证培训班。召集各人民币业务行外资银行现钞业务直接负责人赴人民银行召开了反假货币工作座谈会。

（4）为了保证会员单位及时准确地执行各项政策法律，2009 年公会共转发人民银行文件 152 份，外管局文件 29 份，银监局文件及通知 121 份，公安局文件 4 份，所有文件均在收到的第一时间扫描为电子版发给各会员，提供了快速、准确、有效的文件依据。

（5）为了及时帮助会员了解国内外金融动态，公会坚持每天编辑《今日快讯》，向会员提供最新金融形势与信息，2009 年共编辑 250 期，同时，公会进一步加强了公会刊物组稿刊发工作，编辑出版了年刊、季刊，及时向会员反映公会工作动态、会员信息等。

4. 进一步完善了公会组织机制，加强协会自身建设，努力提高工作效率，充分发挥了公会整体作用，为会员提供了更加优质的服务

（1）在公会原有的人民币专组、税务专组、外管专组、保险专组、新业务法规专组的基础上，根据 2009 年特殊的经济形势，增设了中小企业贷款协调专组和抗风险专组，根据会员需要，多次召开专组会议，解决实际困难，促进信息交流，强化维权机制。

（2）执行严格的财务管理制度，财务状况公开、透明，在每一次的会员大会上公布上一季度的财务数据。

（3）充分发挥日常办公机构秘书处的平台作用，严格执行各项内部规章制度，工作人员明确工作职责，履行岗位责任，做到精干、高效、务实，确保了公会工作的有效开展。

（三）深圳市证券业协会

2009年深圳市证券业协会（以下简称协会）继续认真履行"自律、服务、传导"的基本职能；加强诚信自律管理，完善有关自律规则；紧贴证券市场发展需要，加强自身建设，努力做好各项服务工作，为推动行业发展和会员单位综合实力的提高做出了积极努力。

1. 加强诚信自律管理，督促会员认真履行诚信与自律公约

2008年年底，在深圳证监局的指导下，出于行业维稳和发展考虑，在会员单位达成共识的基础上，协会拟定了《深圳地区证券营业部诚信与自律公约》及《深圳地区证券营业部总经理诚信与自律承诺书》，并发给各会员单位签署。截至2009年年初，协会收到辖区180多家营业部的签署文件。一年来协会积极配合深圳证监局，通过建立佣金费率报备、诚信档案、定期检查和完善投诉机制等多种途径规范会员的经营行为，并对佣金费率排名后20名的证券部给予关注，以营造业内良好有序的竞争环境。

2. 采集和发布会员单位与员工社会责任数据，建立证券、基金业社会责任评价体系，彰显了整个行业的财富伦理形象

协会建立了深圳证券业社会责任数据库，目前慈善捐赠和所行善举等部分内容已有4个年度的完整数据，相关内容刊于协会出版物《资本圈》及协会网站"资本网"，并在"资本网"增设"企业社会责任"栏目，及时更新会员在社会责任方面的贡献。2009年，深圳市证券业协会与深圳上市公司协会联合编辑并发布了《深圳资本圈企业社会责任指数（2009）》，并正式出版了《深圳资本圈企业社会责任报告（2009）》（社会科学文献出版社）。该报告展现了深圳本地92家上市公司、33家证券公司与基金管理公司的劳动成果及其对股东、员工、社会、环境的贡献。为客观、公正、全面记录深圳证券公司、基金管理公司、上市公司的社会贡献，两家协会在连续三年采集相关数据的基础上，选取了营业收入、净利润、净资产收益率、纳税额、员工就业人数、社会捐赠资金与项目、慈善事业、环保贡献8个指标，在此基础上设置了不同的指标权重，创设了企业社会责任指数。

3. 为推动行业发展，继续设立"会员单位年度经营成就奖"

协会及《资本圈》杂志仍像往年一样，以独家采集的经营数据为主要依据，以设立会员单位"年度经营成就奖"的方式，对深圳辖区证券公司、基金管理公司、证券营业部过去一年的经营业绩做出年终总结，2009年度，协会对"年度成就奖"进行了必要的改进，并对上榜单位进行了公示。

4. 全面贯彻落实中国证监会和中国证券业协会关于开展投资者教育工作的各项具体要求

协助会员单位探索投资者教育工作的创新模式，充分发挥证券业协会联系证券监管部门和各会员单位的桥梁纽带作用。协会一直倡导会员单位把投资者教育贯穿于券商经纪业务的全过程，把投资者教育的核心和目标定位在以客户利益为目标，建立健全客户适当性管理制度，对投资者负责，增强客户自我保护能力，把为投资者提供的通道服务提升为理财服务。一年来协会还积极配合中证协和深交所，向会员单位发放了大量投资者风险教育光盘等宣传资料及创业板投资者教育系列知识学习手册。

5. 协助做好中国证券业协会安排的各类考试

2009年协会与深圳市证券业培训中心参与巡考的各类考试共10次，即证券从业人员资格考试和经纪人专项考试4次；CIIA考试2次；基金销售人员从业资格考试3次；保荐代表人资格考试1次。按照中国证券业协会对各类考试的安排，经过几年来的工作实践，协会已形成了巡考值班制度，每次考试前都根据考点信息提前与校方联系人及ATA深圳地区负责人取得联系，提醒他们按要求做好各项准备。做到每次考试由专人负责所在考场，遇到突发事件及时掌握情况，协调ATA和考点迅速妥善处理，并及时向中国证券业协会报告。

6. 根据中国证监会的部署，配合中国证券业协会和深交所于2009年7月14日在深圳五洲宾馆举办了"证券营业部负责人创业板培训班"

参会者来自深圳、海南、广西的证券营业部负责人300余人，培训目标为增强证券营业部对创业板的特点和相关规则体系的理解和认识，更好地发挥证券营业部在创业板投资者适当性管理工作中的作用，促进创业板市场平稳推出和稳定运行。

7. 为帮助企业掌握、理解并购重组及涉税最新政策，深圳上市公司协会、深圳市证券业协会与毕马威会计师事务所举办了"企业并购与重组研讨会"

研讨议题包括：并购市场概览、企业融资过程及注意事项；关于企业重组税务处理的新规定；关于境外注册公司的中国税务居民的新规定。深圳31家上市公司高管、财务总监、财务经理、董事会秘书、证券事务代表、审计负责人等以及 25 家证券公司、基金管理公司及分公司高管、投资银行、质量控制、合规并购等专业人士共 165 人参加了研讨会。

8. 为帮助深圳上市公司、证券公司、基金管理公司理解、掌握内部控制监管要求及内部控制实务工作，深圳上市公司协会、深圳市证券业协会与德勤华永会计师事务所联合举办了"企业风险评估与内部控制实务研讨会"

研讨会浅入深出地讲解了构建内部控制体系的策略和思路，以及风险导向的内部控制体系建设与评价方法，会上还增加了风险管理与风险评估的内容，并配有丰富的实务案例。深圳 35 家上市公司高管、财务总监、财务经理、董事会秘书、证券事务代表、审计负责人等以及 20 家证券公司、基金管理公司高管人员、风险控制、合规稽核、财务等专业人士共 168 人参加了研讨会。

9. 与深圳上市公司协会、德勤华永会计师事务所联合举办了"新企业会计准则执行中若干问题研讨会"

由德勤华永会计师事务所合伙人讲解股份支付、债务重组、企业合并、长期股权投资等内容。来自深圳证券公司、基金管理公司、深圳上市公司及分公司相关业务专业人士约 280 人到会。

（四）深圳市期货同业协会

1. 2009 年 1 月起，深圳市期货同业协会对辖区期货经营机构实行《诚信挂牌制度》的自律管理

截至 2009 年年底，除 1 家营业部因内部管理的问题，而被期货协会采取了临时摘牌而尚未复牌外，其余 32 家期货经营机构均取得了"诚信期货公司"或"诚信期货营业部"的牌匾，诚信文化建设得到了提升。

2. 2009 年，期货协会十分注重人才培训

据不完全统计，全年期货协会举办期货居间人的培训、考试及分别与大连商品交易所、上海交易所、会员单位联合举办各类分析师培训班，投资者教育、期货会议 10 余次，参加人员达 5000 余人次。期货市场的公信力得到了进一步的提高。

3. 2009 年，期货协会进一步加强了内外的交流

组织会员到浙江交流，组织北京、山东、江苏、上海、浙江、湖南、广东期货协会等负责人来深圳进行交流，以及组织会员间的经验交流等活动，这对提升深圳期货市场的影响力是十分有益的。

4. 2009 年 12 月，根据"规范、绩效和贡献"的原则，期货协会组织辖区全行业，进行评选 2008—2009 年度的优秀会员单位

经理事会批准，授予中国国际期货公司、金瑞期货公司、五矿实达期货公司、中证期货公司、江南期货深圳营业部、长城伟业期货深圳营业部、交通银行深圳分行、胜科金仕达数据系统（中国）有限公司深圳分公司、新湖期货深圳营业部等 9 家会员为"深圳市期货同业协会 2008—2009 年度优秀会员"。并于 2010 年 2 月 3 日，召开了会员大会进行表彰和经验交流，形成积极向上、良性发展的氛围。

（五）深圳市保险同业公会

1. 充分发挥同业公会桥梁作用，积极开展各项自律协调服务

在产险工作方面，制定了深圳地区交强险财产损失互碰自赔制度。针对市场上反映的少数公司"非支票操作"、"净费刷卡"等违规问题，组织车险专业技术委员会各验收组对重点单位进行了"见费出单"系统复检。针对产险手续费问题，重新明确了手续费的使用规则，提出了手续费行业性指导标准，配套制定了《产险营销员规范管理规定》。针对车险费率市场化改革问题，先后组织召开了多次研讨会和工作会议，组织各会员公司参加了"日本机动车保险"学术专题讲座，为深圳推动"车险费率定价机制改革"做好了理论研讨准备。积极做好"车险赔款支付同名转账"制度的前期准备工作。

在寿险工作方面，举办了"第五届百名寿险精英评选表彰"活动，97 人当选"百名寿险精英"，298 人当选"300 优秀寿险营销员"。银保专业技术委员会针对不同类型的产品分别制定了行业手续费指导标准，并印发各会员公司参照执行。针对业内发生的断指案、离职营销员续期佣金追偿案、营销员工伤索赔案等多起保险客户和营销员与保险公司法律纠纷的案件，主动与深圳保监局、市中级人民法院和市劳动局联系，反映事情真相，以争取政府相关部门的大力支持，有效地维护了会员公司的利益，打击了骗保骗赔，以及不符合相关法律法规的索赔行为。自航意网保单事件发生后，制定了短意险手续费的行业指导标准。

医疗理赔专业技术委员会积极发挥作用，完成了一系列卓有成效的工作。一是成功举办了"深圳保险业 2009 年医疗理赔论坛"活动。二是对甲型 H1N1 流感患者保险理赔开辟绿色通道，并广泛宣传，为广大保险消费者解疑释惑。三是为优化车险理赔人伤案件处理流程，制定了《深圳保险业涉及多方保险人车险人伤案件理赔处理暂行办法》。四是编撰了《深圳市医疗理赔相关法律政策汇编》，并印发各会员公司。

2. 积极发挥保险社会"稳定器"作用，彰显保险辅助社会管理的职能

完善道路交通事故快处快赔机制。在提高特区内三个快处快赔服务点运作效率的基础上，考虑推出特区外快处快赔服务。同业公会多次与市交通综治办、深圳保监局和市交通警察局进行了座谈，共同研究特区外快处快赔机制完善与创新的问题。目前，特区外设立快处快赔服务点等各项工作正在逐渐探索和完善中。2009 年，特区内三个快处快赔服务点受理案件 34320 件，其中银湖 16461 件，莲塘 6442 件，月亮湾 11417 件，平均每日受案 94 件（365 天计）；未受理案件 2468 件。进驻快赔点的机动车约 6.9 万辆，相当于平均每天减少路面等处理事故车 189 辆左右。其中对属于快处快赔案件的 31852 宗事故进行快速处理，结案率 92.8%。比上年同期下降 36.9%（54446 宗）。

积极推动公众火灾责任保险试点工作。组织专业技术委员会进行讨论研究，积极主动与深圳保监局、市公安消防局沟通协调。在试点期间，组织保险公司对火灾公众责任保险试点进行了阶段性总结，及时解决在试点中遇到的问题，保证了试点工作的顺利推进。还统一设计印刷了《火灾公众责任险宣传册》、火灾公众责任险保险证，制定了《火灾公众责任险工作指引》和风险评估表，并协助市公安消防局各大队开展宣传推广工作。火灾公众责任险自 2009 年 7 月 1 日实施以来，到 2009 年年底，保险业共计承保 1047 家单位，累计赔偿限额 77 亿元，保费收入 496 万元。

3. 主动协调好外部关系，为公会各项工作的开展营造良好的外部环境

积极与市政府金融办、市交警局、卫生局、信息办、财政局等部门联系，开展协调沟通，在中保协的大力支持下，完成了信息平台一期建设方案的制订、修改与报送，成立了信息平台机型选型配置工作小组。2009 年年底，信息平台建设政府专项经费补助工作已通过了专家评审，机器设备采购招标工作正在稳步推进中。

2009 年年初，非深户籍代理制营销员参加深圳市基本社会保险已获得市政府批准。同业公会制定了《深圳市保险同业公会关于代理制保险营销员参加我市社会保险的行业自律管理办法》。12 月中旬，非深户籍代理制保险营销员参加深圳市社保工作正式启动，中国人寿财险深圳市分公司作为第一家试点公司开始试运行。同业公会还积极邀请社保局相关工作人员，对各公司社保办理工作人员进行了首次业务技能操作培训。

为保证深圳市保险机构车船税代收代缴工作顺利开展实施，多次征询了会员公司对车船税代收代缴工作的意见，组织相关会员公司与市地税局召开了多次协

调会，及时解决了保险机构在车船税代收代缴工作中存在的问题。

针对业内发生的各类法律纠纷问题，积极与市中院等相关部门开展协调沟通，除断指案、营销员续期佣金追偿案、营销员工伤索赔案等案例外，还对保险消费者投诉到服务总站的其他典型案例向中院反馈，争取得到中院的最大支持，提供较权威的法律指导意见。密切与市公安刑侦部门、交警部门的联系，共同研究打击骗保骗赔、路边车辆盗抢等社会现象，建立起了有效的定期联系沟通机制，为推动行业工作的开展奠定了基础。

4. 加强保险宣传力度，改革了现有宣传手段和方式，努力提升行业组织形象和行业整体形象

努力做好日常宣传服务工作。全年共编辑 50 期信息周报、27 期工作简报，并对工作简报进行了改版。充分发挥中保协信息联络员的作用，向中保协报送了 15 篇新闻稿件，均在中保协网站予以采用，有效地提升了行业形象。积极参与"纪念深圳保险业改革开放三十周年征文活动"，撰写的《三十年征程创奇迹 十万倍增长立丰碑》的纪实文章获得了二等奖。2009 年，电子化考试中心共接受报名人数 50230 人，同比下降 22%，参加考试人数 43322 人，同比下降 14.8%，及格人数 25324 人，同比下降 20%。

加强与各大新闻媒体的联系与沟通。参加了与深圳报业集团的联席座谈会，2009 年年底，公会还召开了各大新闻媒体记者新春座谈会，密切与各大新闻媒体记者的沟通联系。各大新闻媒体对"2009 年行业组团参展金融博览会"、"营销员社保工作的开展实施"、"车险赔款支付同名转账制度"、"百名寿险精英评比表彰"等活动进行了充分报道。

行业宣传工作硬件设施和软件设施建设得到加强。重新设计和制作同业公会牌匾，使牌匾对外宣传和展示更加醒目和大方。对《深圳保险信息》杂志作了改版，增设了部分栏目内容，从设计、排版、编辑等过程都进行了深化加工。

行业组团参加了 2009 中国（深圳）金融博览会。深圳保险业采取全行业统一组织，统一部署，统一规划，统一行动，统一场地安排的方式，以"深圳保险"的统一称号报名参加。在此次博览会中，同业公会积极组织筹划，荣获了此次博览会组委会颁发的"最佳组织奖"。在博览会期间，公会还对深圳保险业改革开放30 年来的发展成就，以及保险创新发展试验区建设情况，通过播放大屏幕宣传片，以及采用大型灯箱宣传橱窗的形式，进行了集中统一展示。深圳保险行业宣传片《护航之路》受到各方的青睐和好评。

5. 组织建设跃上一个新台阶

公会会员数量不断扩充。新增 9 家会员公司，截至 2009 年年底共有会员公司

46 家，其中分公司 40 家，总公司 2 家，异地驻深营销服务部 4 家。

公会换届工作顺利完成。在深圳保监局的指导下，深圳市保险同业公会第五届会员代表大会圆满召开，大会选举出了同业公会新一届理事会、监事会成员和新一届领导班子，并对同业公会《章程》和各项议事规则进行了修改和完善。

专业技术委员会职能作用发挥更加明显。同业公会换届后，在原有 9 个专业技术委员会的基础上，新增了消费者权益保护工作调解委员会、健康养老信用险委员会、责意险委员会、寿险两核委员会四个委员会，同业公会专业技术委员会数量已经达到了 13 家，人数已超过 200 人，专业技术委员会力量得到了进一步加强，职责和权限得到了进一步扩充，作用的发挥更加明显。

内部制度更加健全和规范。建立了产、寿险会员公司总经理峰会，产险会员公司会长办公会，副总经理论证会，专业技术委员会，各类专家联席会等各种会议制度，形成了不同层级的各类会议议事工作机制。

保险消费者权益服务总站建设不断完善。2009 年 1 月 12 日，"保险消费者权益服务总站"正式成立。同业公会在广泛征求各会员公司意见的基础上，草拟了《保护保险消费者利益工作方案》、《投诉事项处理暂行规定》、《投诉数据流转网络建设方案》、《网络建设与信息流转规则》等规范性文件草案，以及《保险消费者权益服务总站工作职责》、《保险消费者权益服务总站投诉处理流程》等基础性文件，完成了案件投诉事项立案、受理、转办、催办、督办、回复和结案各个环节相应的表格和文书制作，以及服务总站办公场所电子监控录像、宣传板块等硬件设施设备的调试安装和人员招聘落实工作。成立了保险消费者权益保护工作调解委员会。2009 年，保险消费者权益服务总站共受理了各类投诉咨询案件 210 起，其中电话咨询 135 起，立案受理的投诉案件 75 起，其中结案 72 起，结案率为 96%。

（六）深圳市保险中介行业协会

1. 注重基础建设，协会服务能力明显提升

一是完善管理制度，健全工作机制。对岗位责任、服务标准、财务管理、公文处理及薪酬制度进行了修订补充并认真执行，进一步健全了协会议事与专委会工作机制。按照《章程》和工作计划要求，先后如期召开了三次会长办公会，一次全体会员大会和各专委会全会，讨论决定了有关重大事项。二是日常服务常抓不懈。共组织了 7 场保险经纪与公估从业人员电子化考试，参考人数达 1848 人，当年办理执业证书 399 件，办理离职人员注销手续 26 件，为 204 名中介从业人员提供继续教育服务和换发了资格证书。2009年协会共发文175份，办理保监局、金融办及会员单位来文117份。协会会员专刊全年出版四期，并从第四期起进行了成功改版。三是信息化建设取得较大进展。按有关要求，已录入782名中介执业人员的个人基本信息，收集整理了近100家中介机构的相关资料，网络信息系统正在安装调试中。

2. 坚持开展交流合作活动，协会凝聚力进一步增强

以各专委员为单位，分块组织、安排是协会开展各类联谊活动的主要方式。经纪专委会共举办"经纪沙龙"七次，公估专委会坚持每季度召开一次高管沟通会，代理专委会围绕生存与发展也组织开展了类似的活动。此外，协会秘书处还统一组织会员单位参与市保监局、金融办及其他协会举办的学习交流合作活动。通过各类活动的举办与参与，调动了会员的积极性，增强了协会的凝聚力。

3. 实行开门办会，加强对外交流，协会的影响日益扩大

一是开展省、市际交流。相继接待了北京、上海、广东南海、浙江宁波等省市及相关政府部门的考察访问，加深了相互了解，多次拜访了广东省保险中介协会并建立了合作关系。二是加强深港合作。2009年5月协会首次以观察员身份参加了在香港召开的"2009年国际保险经纪人年会"，与来自二十余个国家的保险经纪专家进行了接触。2009年年底圆满举办了"第二届深港保险中介人足球邀请赛"。协会还和香港主要中介机构建立了沟通协调机制，与香港保险顾问联会、香港专业保险经纪人协会、香港一般保险代理人协会共召开了三次协调会，就召开深港经济交流会进行了磋商。三是成功举办了"第二届国际保险公估（深圳）高峰论坛"。2009年10月29日，协会与深圳市政府金融办、中国保险学会联合举办了"第二届国际保险公估（深圳）高峰论坛"，来自国内外300多名保险业专家和从业代表人员参加，中国保监会主席助理陈文辉和深圳市政府副市长陈应春出席论坛并做了重要讲话。

4. 积极推进行业维权与行业自律，行业的地位与形象得到改善

2009年协会评选出20名优秀的保险代理、保险经纪、保险公估从业人员，为深圳保险中介广大从业人员树立了标杆。举办新《保险法》培训，邀请了全国人大法工委经济法室和中国保监会法规部的领导做讲课辅导。制定并印发了《深圳保险公估从业人员执业规范》，为深圳公估从业人员提供了执业标准。《深圳保险经纪服务标准》和《深圳专业保险代理服务标准》也正在起草制定之中。在行业维权方面，提交了《关于呈送〈保险公估机构监管规定〉修改建议的函》、《关于"保险中介机构支付代理人佣金税前扣减比例"的建议函》以及《关于建议制定车

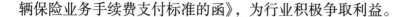

辆保险业务手续费支付标准的函》，为行业积极争取利益。

（七）深圳市创业投资同业公会

1. 积极推动行业发展，增强行业核心竞争力

2009 年度创投公会新发展会员 10 家，其中专业创投机构 9 家，创投管理机构 1 家。新募集和管理资本 100 多亿元，其中部分创投基金虽注册设立在天津、北京、江苏、安徽、云南等地，但其投资决策管理总部仍在深圳，深圳已成为中国本土创投基金总部经济的重要聚集地；通过座谈研讨和个性化服务，引导会员在募资、投资、管理及利用境内外资本市场退出等方面，进一步创新投资策略和完善内部治理结构，建设具有中国特色的创投文化。

2. 开展创投从业人员培训，提高创投人才队伍综合素质

2009 年度，创投公会为深圳地区创投经理多次举办备战创业板策略实务高级研修班，聘请深交所领导及相关专家进行创业板规则及实例讲解。与清华大学、上海财经大学、上海交通大学、天津国际融资公司、哈尔滨创投协会等联合举办创投高级培训班，对会员及外地创投从业人员进行培训。以上两项合计，培训人数近 1000 人。这不仅进一步扩大了创投公会的影响，而且增强了与全国创投机构之间的友谊与合作。

3. 坚持开展行业调研，提高行业咨询服务水平

2009 年度，创投公会积极配合科技部开展创投行业调查，参与撰写科技部主办的《2008 年中国创业投资研究报告》；协助清科集团、中国风险投资研究院等开展行业调研，并在此基础上，为深圳金融办主编的《2008 年深圳金融发展白皮书》撰写深圳地区创投业发展报告及《深圳年鉴（2008）》相关专题。

针对国有创投股转持问题进行调研，为国家有关部委提供专题报告，并指出财政部、国资委和证监会关于国有股转持办法中以上市公司 IPO 即向公众发行股份额为基数，将国有创投所持上市公司的股份转由国家社保基金持有缺乏合理性和公平性，并参加国家有关部委在青岛举办的相关座谈会，实事求是地提出相关建议。

组织会员机构参加全国人大财经委关于修改《证券投资基金法》修订调研座谈会，并提出相关研究报告，指出证券投资基金与创投基金投资对象和投资运作机理存在本质区别，不应合并立法，而应各自单独立法。

配合证监会进行股权投资基金开展调研，参加了证监会召开的"规范发展股权投资基金高层研讨会"，同时提出专题调研报告，指出"私募股权投资基金"在

欧美属杠杆并购投资基金，应对杠杆化严加监管，而对创投基金则应多加扶持。

对 PE 腐败问题进行深入调研并提出专题报告，呈送国家有关部委，指出 PE 腐败的提法缺乏科学依据，也不符合创投基金的实际运作特点。

组织会员参与证监会和深交所关于创业板相关规则征求意见稿的修改，并提出专题报告。创投公会及会员提出的修改意见和建议受到相关部委的高度重视。

4. 积极争取政府资源，扩大创投基金投资领域

2009 年度，创投公会参与国家发改委等制定《关于创业投资引导基金规范设立与运作的指导意见》，推动深圳 30 亿元政府引导基金方案尽快出台和基金进入实质运作。与此同时，还协助会员开展科技部设立的"科技型中小企业创业投资引导基金"的申请工作，并组织会员参与苏州、安徽、山西、湖北、天津、北京、西安等政府引导基金共同设立专业性创投基金，其中有些创投基金已经开始运作并取得明显实效。

协助会员积极参与科技部举办的全国优秀科技创业投资机构评选活动。在全国 100 多家创投机构中，科技部组织专家评选出 25 家优秀创投机构，这是第一次国家级评选的奖项，其中深圳就占了 6 家，包括创新投、深港产学研、力合创投、达晨创投、招商科技和东方富海。

协助深圳市科技系统举办创新创业大赛，由 8 家创投基金共同出资 3000 万元设立专项投资基金，投资评选出优秀科技创业企业，从而为政府的社会目标和创投基金的商业目标有机结合创造了新鲜经验。

协助深圳市税务部门为落实创投基金税收优惠政策而进行的调研活动，并参与研究讨论制定相关实施办法。

5. 组织项目投融资对接，为会员拓展优质项目市场

2009 年度，创投公会多次组织会员先后在深圳福田区、广东中山市、湖北、天津、吉林、山西、西安、辽宁等地参加项目投融资对接会。组织内地各省市企业与会员机构共同到深交所座谈，推动双方开展投融资合作。

6. 协助开展新基金募集活动，增强创投机构投资实力

2009 年度，创投公会积极协助会员开展新的基金募集活动，包括参加会员的基金募资会议，以创投公会名义推介会员的独特优势，以提高会员募资的公信力。主动为会员推荐投资者，向来自境内外的投资者大力推荐深圳地区的会员机构，并参与他们之间的合作洽谈。此外，还为境内外投资者前来深圳设立投资基金提供咨询服务，包括投资环境与合作方式等。

7. 举办各类大型创投论坛，扩大深圳创投界影响

2009 年，创投公会先后主办或协办各类创业投资高层论坛，其中主要有 2009

年第十一届"高交会"期间，联合深圳证券交易所和中国高新技术成果组委会，举办"资本市场高峰论坛——创业板与创新企业发展"；协助中国风险投资研究院举办"第十届中国风险投资高峰论坛"；与富邦资本共同主办"中国 NASDAQ——2009 创业板上市与私募股权融资高峰会"；与《证券时报》举办"首届中国创业板发展论坛暨创业投资百强评选活动"；与国际融资服务公司共同举办"华南城·商贸物流企业融资论坛"；与和讯网联合主办"2009 中国创业板高峰论坛"；与中国中小企业协会联合主办"创业板、中小企业板上市与私募股权融资高层论坛"；与《公司金融》等主办"2009 创业板上市与私募股权投资高峰会"；协助福田区政府举办"深圳市福田区环 CBD 国际高峰论坛"等。

8. 开展境外同业交流合作，提高深圳创投界国际知名度

2009 年上半年，创投公会组织 10 家大型创投机构参与中国国际高新技术成果交易中心组团赴德国、匈牙利进行考察。期间，深圳创投机构不仅与所在国的政府与创投机构进行座谈，商洽合作事宜，而且还考察了当地的许多高科技企业。2009 年 11 月份高交会期间，创投公会还接待了匈牙利政府组织的参展团，共同商谈设立专项投资欧洲项目的投资基金相关事宜。

（八）深圳市金融顾问协会

2009 年 3 月，协会成功主办了第三届私募基金高峰论坛，邀请国内的政策制定者、顶尖私募基金管理人、专家学者等聚首深圳，深入探讨金融海啸背景下的中国私募基金的机会与挑战。针对"资本从美国撤出，是否是中国崛起的机会"、"如何重新定价中国"、"私募基金如何防范投资风险以及在风险教训中吸取经验"等话题进行研讨和剖析。协会还一如既往地针对私募基金的筹集、发起、运营和赢利情况进行数据的收集和整理，为深圳市各级政府乃至国家金融监管机构提供有针对性的研究报告和有建设性的政策建议。另外，以服务为协会建设的出发点和落脚点，不但定期走访市内各私募机构，及时了解私募基金的成绩和问题，还定期组织业内人士聚会，交流心得、积累经验。

（九）深圳市信用评级协会

1. 组织各信用评级机构召开不定期会议，制定和完善了企业信用评级的行业规范、技术标准，有力促进了信用评级质量的提升，并制定行业自律公约，很好地维护了深圳借款企业信用评级市场秩序。

2. 组织召开评信通融资业务推荐会 10 余次，为深圳市中小企业和深圳市商业

银行进行银企合作牵线搭桥，并取得了良好的效果。

3. 协办"评信通"杯诚信兴商宣传知识竞赛，组织会员和商业银行举办形式多样的联谊活动。

4. 组织会员参与"2009 中国（深圳）金融博览会"，并在开幕式上举行了"评信通"中小企业融资签约仪式，在签约仪式上，中国银行深圳市分行、星展银行深圳市分行、渣打银行深圳市分行、宁波银行深圳市分行、深圳发展银行深圳市分行分别和深圳市安捷伦电子科技有限公司、深圳市顺达数码资讯有限公司等四家公司签署贷款合同。这是"评信通"中小企业融资平台成功运行以来签约银行和企业最多的一次。

（十）深圳市信用担保同业公会

1. **公会建设**

（1）组织培训与讲座

同业公会自 2005 年 12 月 26 日成立以来，以加强深圳市担保机构风险防范及控制能力和提高从业人员综合素质为宗旨，每年举办多次担保行业相关培训及讲座，内容涉及中小企业信用担保项目管理、风险控制、财务会计制度等。2009 年 7 月，与国家开发银行股份有限公司深圳市分行、深圳市华力特电气股份有限公司联合主办"当前宏观经济形势解读"讲座；2009 年 8 月，根据《深圳市 2008—2009 年度中小企业产业紧缺人才培训项目计划执行表》，举办"中小企业信用担保项目评审及风险控制操作实务"、"担保机构经营管理培训"、"工程履约保证担保业务操作实务"三项培训。

（2）组织参会

2007—2009 年同业公会连续三年作为中国（深圳）国际金融博览会协办单位，组织会员担保机构参会并在展会上设立担保业专业展区，并于 2009 年荣获金博会组委会颁发的"最佳组织奖"；同业公会作为发起人，参加深圳市金融行业协会联席会议；2009 年 12 月，由同业公会连续四年主办的"银行与担保圆桌论坛"在会展中心桂花厅召开，在"机遇、创新、发展、共赢"的主题下，各位嘉宾分别就新形势下如何加强银保合作，共同促进中小企业发展进行了主题发言；组织担保机构参加第十届"全国中小企业信用担保机构负责人联席会议"。

2. **会员拓展与服务**

经过多年不懈努力，公会从成立之初的 29 家会员单位，发展至 52 家；协会听取会员意见，反映会员诉求，帮助新成立担保机构申请享受免税政策、每年组织

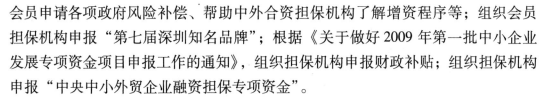

会员申请各项政府风险补偿、帮助中外合资担保机构了解增资程序等；组织会员担保机构申报"第七届深圳知名品牌"；根据《关于做好 2009 年第一批中小企业发展专项资金项目申报工作的通知》，组织担保机构申报财政补贴；组织担保机构申报"中央中小外贸企业融资担保专项资金"。

3. 配合政府部门工作

接市政府金融办《关于召开深圳金融发展白皮书编撰分工协调会的通知》，本会负责撰写《2008 年深圳金融发展白皮书》信用担保行业部分；配合省担保协会，为《2009 广东省信用担保年鉴》的编撰提供素材；2009 年年初，配合市人大，协调组织担保机构开展中小企业生存环境的调研；参加人民银行深圳市中心区支行针对深圳市担保行业的调研座谈会；配合深圳银监局对深圳担保行业的调研；配合市中小企业服务中心对全市的担保机构进行年度、半年度基本情况及业务信息统计调查。经统计、汇总的数据作为深圳市担保业运行情况的分析参考资料，由中小企业服务中心报工信部中小企业司；配合市金融办，协助进行《深圳市小额贷款公司试点管理暂行办法》规定的相关工作。

第五章
深圳金融业展望

　　《珠江三角洲地区改革发展规划纲要》和《深圳市综合配套改革总体方案》提出了"建立深圳金融改革创新综合试验区"，给深圳市金融业带来了重大的发展机遇。

一、深圳金融业发展面临的机遇

　　一是良好的宏观经济环境为深圳市金融业发展奠定了坚实的经济基础。根据深圳市统计局初步核算结果，2009 年，深圳实现本市生产总值 8201.23 亿元，全社会固定资产投资完成 1709.15 亿元，社会消费品零售总额 2598.68 亿元，外贸进出口总额达到 2701.55 亿美元，地方财政一般预算收入 880.82 亿元。经贸活动日益活跃，产业结构优化升级以及大规模的城市基础设施建设，为深圳市金融业的发展提供了强劲的动力。"十二五"期间，深圳市 GDP 预计将继续保持高速增长，这将为金融业的发展提供更加坚实雄厚的经济基础。

　　二是进一步落实《珠江三角洲改革发展规划纲要》为深圳金融业发展提供了政策空间。《珠江三角洲改革发展规划纲要》的出台，首次将深圳市区域性金融中心建设上升到国家战略层面，提出推进珠三角经济一体化，为深圳市金融业拓展了更加广阔的发展空间。

　　三是创业板的正式推出有利于深圳市集聚更多的金融资源。资本市场是深圳市金融业发展的基石，创业板的正式推出对深圳市金融业的发展具有里程碑式的意义，使深圳市拥有全国唯一一个多层次资本市场。多层次资本市场为处于各个发展时期的企业提供了良好的融资环境，为创投行业的发展建立了良好的市场机制，将促进创业投资良性循环，吸引更多创投机构落户深圳。

四是我国金融业的进一步开放为深化深港金融合作提供了良好机遇。作为国内唯一和香港陆地接壤的城市，加强对港金融合作，接受香港的金融辐射，充当香港金融进入内地的桥头堡和试验场，深圳在这方面的作用是无可替代的。目前，深港金融合作已经具有非常好的基础，两地金融业务合作进展迅速，新的合作领域不断开发，两地的金融监管机构还建立了定期沟通机制。随着我国金融业的进一步开放，深港两地的资金、人才流动将更加通畅，金融制度将更加接近，香港的国际资本将可以更有效地进入深圳市场，深圳的资金和金融机构也可以更方便地进入香港，并与国际金融市场接轨，可以说两地深化金融合作有着前所未有的良好机遇。

二、深圳促进金融业发展的思路

（一）继续打造金融业创新的环境

1. 推进深圳金融改革创新综合实验区建设

根据《珠江三角洲地区改革发展规划纲要》和《深圳市综合配套改革总体方案》，深入贯彻落实《关于建立深圳金融改革创新综合试验区的实施方案》，全力配合国家有关部委和金融监管部门，积极推进金融市场体系、金融机构体系建设，优化金融发展环境，完善金融创新政策和机制，深化深港金融合作，促进国家金融改革创新开放在深圳先行先试，争取在金融体制创新、组织创新、经营创新、服务创新、产品创新、技术创新、监管创新等方面取得新进展。

2. 积极推进保险创新发展试验区建设

深圳保险业作为全国第一个创新发展的试验区，将充分利用各方面的有利因素，更好地履行改革试验、闯关探路的职能，与中国保监会更加紧密的合作，高起点、高标准打造深圳保险创新发展试验区。积极推进营销管理体制改革，争取开展个人税收递延型养老产品试点，进一步深化深港保险业合作，推动深圳保险业在更高层次和更宽领域上服务经济社会全局。

（二）推进深港金融合作深化

1. 推动前海深港现代服务业合作示范区发展

在前海现代服务业合作示范区规划建设金融集聚区，通过降低门槛、放宽限制，优化生态环境，加大政策支持力度，吸引香港及国内外金融机构在该区设立国内总部和分支机构，将其建设成为国内外金融机构的新集聚地；完善金融创新政策和机制，深化深港金融合作，促进国家金融改革创新开放在该区域先行先试。

2. 积极推进深港资本市场合作

通过产品和业务层面的合作，推动深港两地资本市场合作，更好地促成深港资本市场成为全国、全亚洲乃至全球的财富资本中心和投融资中心，巩固深圳的全国财富管理中心地位。

（三）加快金融服务外包产业发展

从现代金融业发展的角度看，金融服务外包产业是金融中心建设的重要组成部分，已成为全国各地金融业发展新的竞争领域。发展深圳金融服务外包有利于培育金融发展的新引擎，推进深港金融合作，推动产业结构升级，降低金融中心的交易成本，形成深圳建设金融中心的竞争优势。

深圳应抓住机遇，以建设金融服务外包产业基地和培育专业龙头服务外包企业为抓手，用3年时间取得显著成效，用5到10年时间实现跨越式发展，形成包括容灾备份、支付清算运营、软件开发、数据处理、客户服务、票据影像、档案管理、第三方支付数据、现金处理、人力资源管理等一系列企业集群，把金融服务外包产业打造成深圳金融发展新的增长点和深圳现代金融服务业的重要支柱，把深圳打造成"联通港澳、服务全国、辐射亚太"的金融服务外包中心。

（四）积极稳妥地参与国际金融市场

近年来，随着中国经济的"引进来"和"走出去"，金融业的"引进来"和"走出去"也迅速跟进。从发展趋势看，中国金融业参与国际金融业的态势已经很明显。因此，要鼓励有条件的深圳金融机构设立和发展境外机构，积极稳妥地参与国际金融市场，为国内"走出去"企业提供全面金融服务，提高深圳金融业的国际化程度。

市场篇

Shichang Pian

第六章
货币市场

一、2009 年深圳货币市场运行情况

（一）同业拆借市场概况

2009 年，深圳金融机构同业拆借合计成交 3.48 万亿元，比 2008 年增长 20.49%，占全国拆借总量比例为 17.94%，拆借总量在全国大中城市中排名第三位，日均成交约 142.04 亿元。2009 年，深圳地区共有 27 家交易主体参与同业拆借，其中中资银行 13 家，外资银行 7 家，证券公司 4 家，财务公司 3 家。参与业务期限最长为 6 个月，最短为 1 天；隔夜（1 天）交易最活跃，占拆借交易量的 84.35%。2009 年银行间同业拆借市场加权利率[①]年初为 0.93%，9 月 30 日升至 1.77% 的年内最高点，年末收于 1.20%，比年初增加 27 个基点。

（二）债券质押式回购市场概况

2009 年，深圳金融机构债券质押回购交易总量为 9.55 万亿元，比 2008 年同期增长了 4.69%，占全国质押回购交易总量比例为 14.11%，质押式回购总量在全国大中城市中排名第三位，日均成交约 389.80 亿元。2009 年，深圳地区共有 146 家交易主体参与债券质押式回购市场交易，主要包括银行、证券公司、保险公司、基金公司等机构。参与业务期限最长为 6 个月，最短为 1 天；隔夜（1 天）和 7 天交易是成交最活跃的两个品种，两品种成交占总质押回购交易的 93.94%。2009 年银行间质押式回购市场加权利率[②]年初为 0.97%，7 月 21 日升至 1.83% 的年内最

---

① 加权利率数据来源于全国银行间拆借中心。
② 加权利率数据来源于全国银行间拆借中心。

高点，年末收于 1.20%，比年初上升 23 个基点。

（三）债券买断式回购市场概况

2009 年，深圳金融机构债券买断式回购交易总量为 0.59 万亿元，比 2008 年增长 81.65%，占全国买断式回购交易总量的 22.69%，买断式回购交易总量在全国大中城市中排名第二位，日均成交约 24.08 亿元。2009 年，深圳地区共有 16 家交易主体参与债券买断式回购市场交易，主要包括银行、证券公司、保险公司、基金公司等机构。参与业务期限最长为 3 个月，最短为 1 天；隔夜（1 天）交易最为活跃，占总交易量的 70.70%。2009 年银行间债券买断式回购市场加权利率[①]为 1.078%。

（四）现券交易市场概况

2009 年，深圳金融机构现券买卖交易总量为 13.59 万亿元，比 2008 年增长 62.28%，占全国现券交易总量的 28.73%，现券交易总量在全国大中城市中排名第三位，日均成交约 554.69 亿元。2009 年，深圳地区共有 223 家交易主体参与现券交易，包括银行、证券公司、保险公司、财务公司、基金公司等机构。参与业务包括次级债、短期融资券、政策性金融债、国债、央票等 12 个品种，其中政策性金融债交易量最大，成交占深圳债券交易总量的 63.64%。2009 年，银行间国债指数[②]年初报于 1201.0 点，年末收于 1192.0 点，较上年末下降 10.2 点，年内最高值为 1 月 9 日的 1203.7 点，最低为 2 月 5 日的 1181.9 点。

（五）债券远期市场概况

2009 年，深圳金融机构债券远期交易总量为 0.35 万亿元，比 2008 年增长 1.33 倍，占全国现券交易总量比例为 53.03%，日均成交约 14.36 亿元。2009 年，深圳地区有 1 家商业银行和 4 家证券公司共 5 家交易主体参与债券远期交易，交易品种包括 7 天、14 天、21 天、1 月、2 月共 5 个交易品种，券种以央行票据和政策性金融债为主。

（六）票据市场概况

2009 年，深圳辖内银行、财务公司、企业积极参与票据交易，票据融资量先扬后抑，贴现利率先降后升。

---

① 加权利率数据来源于全国银行间拆借中心。
② 国债指数数据来源于全国银行间拆借中心。

2009 年 1 季度、2 季度，票据业务量逐季上升。银行承兑季末余额环比增长分别为 57.92%、22.93%，贴现环比增长分别为 45.78%、16.44%，转贴现环比增长分别为 4 倍及 20.28%。3 季度、4 季度，票据业务量逐季下降。银行承兑季末余额环比下降分别为 8.39%、7.40%，贴现环比下降分别为 8.89%、34.70%，转贴现环比下降分别为 40.06%、58.70%（见表 6.1）。

表 6.1　深圳 2009 年金融机构票据业务量统计表

季度	银行承兑汇票承兑（亿元）		贴现（亿元）				转贴现（亿元）			
			银行承兑汇票		商业承兑汇票		银行承兑汇票		商业承兑汇票	
	余额	累计发生	余额	累计发生	余额	累计发生	余额	累计发生	余额	累计发生
1	1041.61	779.52	486.20	620.48	60.14	58.04	1918.35	1270.71	6.83	109.51
2	1279.25	750.31	566.13	584.81	75.75	88.99	2307.47	1491.21	4.51	58.27
3	1171.86	776.64	515.77	640.59	72.91	119.23	1383.17	1262.61	1.88	64.69
4	1085.10	617.28	336.77	379.76	41.58	44.12	571.30	982.29	8.67	105.44

资料来源：中国人民银行深圳市中心支行。

2009 年 1 季度、2 季度，票据融资快速增长，贴现利率随之下降，3 季度降至年内最低水平 1.4%。4 季度，各银行受信贷监管指标约束，票据融资大幅下降，贴现利率升至 2.7%。

二、深圳货币市场统计数据

（一）深圳金融机构同业拆借年交易量

单位：亿元

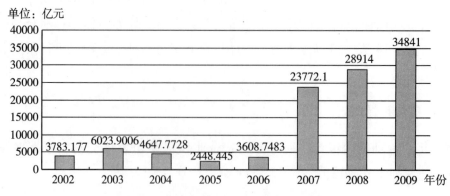

图 6.1　深圳金融机构同业拆借年交易量

资料来源：中国人民银行深圳市中心支行。

（二）深圳银行间债券交易年交易量

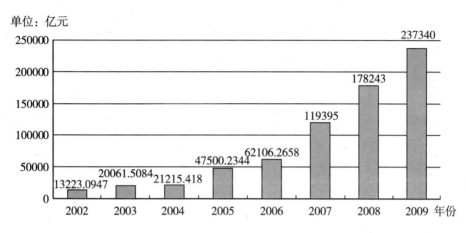

图 6.2 深圳机构债券交易年交易量

资料来源：中国人民银行深圳市中心支行。

（三）深圳市银行承兑汇票贴现情况

图 6.3 深圳市银行承兑汇票贴现情况

资料来源：中国人民银行深圳市中心支行。

第七章
资本市场

一、2009 年资本市场总体运行情况

（一）市场交易情况

2009 年，深市股票累计成交金额 189475 亿元，与 2008 年相比增加 145.4%；基金成交 3791 亿元，较上年增加 93.48%；债券成交 829 亿元，较上年增加 86.63%；只有权证因为先后到期停止交易，全年成交 4639 亿元，较上年下降 50.17%。

（二）发行与上市概况

截至 2009 年 12 月 31 日，深交所上市公司总数 830 家，比年初增加 90 家。其中，中小板 IPO 上市 54 家，创业板 IPO 上市 36 家。上市公司总市值 59284 亿元，流通市值 36454 亿元，分别较年初增加 146% 和 169%。

截至 2009 年 12 月 31 日，深证成指收报 13699.97 点，2009 年累计上涨 111.24%；深证综指收报 1204.34 点，累计涨幅 117.12%；深证 B 指收报 675.75 点，累计涨幅 130.74%；中小板指收报 5631.76 点，累计涨幅 96.64%。深市平均市盈率 46.01 倍，较年初提高了 175.18%。

2009 年，深市股票累计筹资 1712.68 亿元，同比增加 610.82 亿元，增幅 55.44%。其中，中小板 IPO 融资 423.64 亿元，再融资 153.48 亿元；创业板 IPO 融资 204.08 亿元；主板再融资 931.47 亿元。

　　截至 2009 年年末，中小企业板上市公司总数 327 家，上市公司总市值 16873 亿元，流通市值 7504 亿元，中小板平均市盈率 51.01 倍。2009 年中小企业板股票累计成交金额 48274 亿元，同比增加 240.33%。

　　2009 年 10 月 30 日和 12 月 25 日，首批 28 家和第二批 8 家创业板股票分别挂牌上市，公开发行后总股本 34.6 亿股，流通股本 6.48 亿股，IPO 融资额为 204.08 亿元。2009 年创业板股票累计成交 1828.1 亿元，以收盘价计总市值 1610.08 亿元，流通市值 298.97 亿元，平均市盈率为 105.38 倍。

表 7.1　深圳 2009 年证券市场概况（截至 12 月 31 日）

指标名称（时点指标）	数值	比年初增减	增减率（%）
上市公司数	830	90	12.16
其中：中小企业板	327	54	19.78
上市股票数	872	90	11.51
其中：中小企业板	327	54	19.78
总股本（亿元）	3907.56	465.7	13.53
其中：中小企业板	794.13	202.53	34.23
流通股本（亿元）	2601.08	577.33	28.53
其中：中小企业板	380.49	120.27	46.22
总市值（亿元）	59283.89	35169.36	145.84
其中：中小企业板	16872.55	10602.87	169.11
流通市值（亿元）	36453.65	23545.66	182.41
其中：中小企业板	7503.57	4830.89	180.75
综合指数	1201.34	648.04	117.12
成份指数	13699.97	7214.46	111.24
B 股指数	625.95	354.67	130.74
中小企业板指数	5631.76	2767.77	96.64
平均市盈率	46.01	29.29	175.18
其中：中小企业板	51.01	26.05	104.37
投资者开户总数（万）	8570.75	995.35	13.14
本年累计股票成交金额（亿元）	189475	112264.4	145.40
其中：中小企业板	48274	34089.67	240.33
本年累计基金成交金额（亿元）	3791	1831.61	93.48
本年累计债券成交金额（亿元）	829	384.8	86.63
本年累计权证成交金额（亿元）	4639	−4670.35	−50.17

指标名称（时点指标）	数值	比年初增减	增减率（%）
本年累计股票发行筹资额（亿元）	1712.68	610.82	55.44
其中：中小企业板	577.12	148.15	34.54
本年累计股票交易印花税（亿元）	189.48	−104.47	−35.54
其中：中小企业板	48.27	−2.48	−4.89

资料来源：深圳证券交易所。

二、市场运行特征

（一）股指大幅震荡盘升，累计涨幅居全球主要市场前列

2009年，深圳证券市场大幅震荡盘升，深证综指累计涨幅117.12%，仅次于俄罗斯RTS指数128.62%的涨幅，居全球主要证券市场涨幅榜第二位。随着证券市场的持续回暖，投资者开户数逐步回升，深市成交急剧放大并创历史新高。2009年11月24日，深市创下单日成交金额历史纪录，达1814亿元；11月份深市累计成交2.53万亿元，创下单月成交金额的历史纪录。

从全球股市运行来看，新兴市场普遍涨幅较大。俄罗斯股市在2008年跌幅居全球首位之后，在2009年则成为全球涨幅第一；阿根廷MERV指数累计涨幅114.95%，稍低于深圳综指涨幅居全球第三位；巴西、印度股市累计涨幅分别为82.66%和81.03%，与上证指数79.98%的涨幅相接近。欧美日等成熟市场在2009年前两个月大幅下跌，3月份以后逐波反弹，但2009年的总体表现大大逊色于新兴市场，2009年的累计涨幅普遍在20%左右（见表7.2）。

表7.2　全球主要股市指数表现（截至2009年12月31日）

指数名称	期末点位	年内涨跌（%）	市盈率（%）	市净率（%）
深证成份指数	13699.97	111.24	37.81	4.15
深证综合指数	1201.34	117.12	46.01	4.32
中小板100指数	5631.67	96.64	41.89	5.49
上证综合指数	3277.14	79.98	28.73	3.07
沪深300	3575.68	96.71	27.34	3.08
恒生中国企业指数	12794.13	62.12	20.48	2.51

指数名称	期末点位	年内涨跌（%）	市盈率（%）	市净率（%）
恒生指数	21872.50	52.02	22.87	2.08
道琼斯工业平均指数	10428.05	18.82	16.24	2.77
标准普尔500指数	1115.10	23.45	24.28	2.24
纳斯达克综合指数	2269.15	43.89	44.53	2.76
法国巴黎CAC40指数	3936.33	22.32	16.70	1.41
伦敦金融时报100指数	5412.88	22.07	61.47	2.00
德国法兰克福DAX指数	5957.43	23.85	60.24	1.51
东京日经225指数	10546.44	19.04	46.28	1.41
圣保罗IBOVESPA指数	68588.00	82.66	20.76	2.09
俄罗斯RTS指数	1444.61	128.62	27.29	1.21
印度孟买Sensex30指数	17464.81	81.03	23.34	3.45

资料来源：深圳证券交易所。

（二）市场热点频繁转换，板块轮动特征明显

在A股市场震荡上涨的过程中，市场热点转换较快，板块轮番炒作特征明显。2009年年初，国家陆续出台十大行业振兴计划，与之相关的板块和个股成为领涨品种，而信贷投放激增，则刺激了金融和地产股的上涨；4月至7月份，随着国际商品价格的上扬，资源类股票持续活跃推动了股指大幅扬升；在8月至9月大盘调整过程中，"甲流"概念股、医药股和新涌现的"物联网"板块成为市场热点；进入四季度，消费板块、重组板块、世博概念股和低价股板块则大幅飙升，推动个股价格重心上移。从2009年的总体情况看，电子行业、机械设备、木材家具和采掘行业等表现突出，累计涨幅均超过138%，有色、地产在上半年表现突出，而纺织、其他制造、制造行业、造纸印刷、商业贸易、食品饮料、医药生物、信息技术在则在三、四季度出现补涨，全年累计涨幅在100%至120%之间，公用事业、建筑行业、文化传播和农林牧渔等四大行业则相对滞涨，累计涨幅均在75%以下（见表7.3）。

表7.3　2009年度A股市场行业分类指数涨跌幅（深沪两市）

指数名称	涨跌幅（%）	区间成交量（百万）	区间成交金额（百万）	换手率（%）
电子行业	149.80	196630.35	1476646.2	880.95
木材家具	143.29	15787.61	103756.56	836.8

续表

指数名称	涨跌幅（%）	区间成交量（百万）	区间成交金额（百万）	换手率（%）
机械设备	142.51	583008.99	6603906.04	781.8
采掘行业	138.49	265803.54	4776444.43	529.71
纺织服装	127.27	179510.53	1376661.24	988.72
其他制造业	126.73	62651.03	568813.26	1026.54
制造行业	126.18	2481925.41	25264978.88	821.44
金属非金属	125.02	533773.62	5425422.33	684.85
造纸印刷	119.26	86358.95	714704.79	1053.91
石油化工	116.91	425843.08	4198825.8	968.77
商业贸易	115.86	193254.2	2103998.36	678.82
综合行业	113.91	238929.27	1896576.28	797.15
食品饮料	113.9	165965.99	1985223.01	754.44
社会服务	109.85	126586.55	1159218.39	921.84
房地产	109.33	305530.31	3284094.42	620.16
医药生物	102.68	221650.17	2688461.03	823.62
金融服务	101.04	445194.25	5865247.58	254.38
信息技术	96.99	268576.27	2716622.97	688.27
交运仓储	77.06	312430.33	2526570.04	512.72
农林牧渔	74.43	100800.37	961112.91	973.41
文化传播	68.73	25987.19	322223.23	591.28
建筑行业	50.42	177115.64	1461017.45	829.73
公用事业	48.39	202056.11	1715974.98	409.49

资料来源：深圳证券交易所。

（三）中低价股累计涨幅较大，高市盈率股票明显增多

虽然 2009 年上半年金融、地产、采掘、机械装备等板块的蓝筹股有过突出表现，但纵观全年，则是题材股、重组股、低价股涨幅居前。深市 2009 年涨幅超过 400% 的 11 只股票中，银河动力、苏常柴 A、德豪润达、海王生物、安凯客车、广宇发展等期初股价均在 3 元上下，这些股票中，无一大盘蓝筹股。分析 2009 年市场个股反弹的结构，中低价股票累计涨幅明显较大，深市期初 6 元以下的股票 405 家，至 12 月 31 日平均涨幅 168.85%；6 元至 10 元的股票 162 家，平均涨幅 135.56%，10 元以上的股票 164 家，平均涨幅 116.19%。

目前深市 711 家有市盈率数值（2008 年度赢利数值为正）的股票中，市盈率超过 200 倍的有 101 家，100 倍以上的有 228 家，而 2008 年年末仅有 66 只个股的市盈率超过 100 倍，100 倍以上的高市盈率股票大幅增长 245%；过半数的（共 410 家）股票市盈率在 60 倍以上，30—60 倍的 237 家，30 倍市盈率以下的股票仅 63 家。

（四）A 股流动市值大幅上升

随着各类限售股的解禁，深市股票总流通市值占总市值的比重由 2009 年年初的 53.53% 提高到年底的 61.49%，增加 7.96 个百分点，而上年这一指标仅增加 3.74 个百分点。沪市因工商银行等大盘股解禁，流通市值比重增加更多，沪市的流通市值占比是 62.17%，比年初增加 28.96 个百分点。截至 12 月 31 日，深沪两市合计流通市值比重为 62.01%，较年初增加 24.76 个百分点。

（五）专业机构投资者总体增持，个人散户全年净买入为主

2009 年度，基金、QFII 等专业机构投资者合计净买入 403.04 亿元，其中投资基金净买入 169.4 亿元，QFII 净买入 91.94 亿元，保险资金净买入 94.23 亿元，券商自营（含集合理财）净买入 52.3 亿元；专业机构中，只有社保基金全年净卖出 4.83 亿元。包括大小非在内的一般机构账户则累计净卖出 464.85 亿元。

日交易金额 10 万元以下的个人散户是 2009 年市场买入的主要力量，今年来累计净买入 2634.44 亿元；个人中大户仅在 11 月份增持 25 亿元，在其他 11 个月中均以减持为主，2009 年度累计净卖出 2572.64 亿元。

（六）大非总体减持比例仍然不高

2009 年是大小非解禁的高峰年，深市股改解禁股共 363.69 亿股，占深市四年来全部解禁股（722.21 亿股）的一半以上；累计减持金额 408.98 亿元，与 2008 年全年的减持额 323.3 亿元相比，高出 26.5%。但考虑 2009 年解禁股数量大幅增加、市场成交成倍放大以及股价大幅上涨，2009 年大小非减持力度并未明显地同步放大。相对来讲，大非减持金额逐季增加，且二季度较一季度增加 72%，四季度较三季度增加 48%；而小非则是二季度减持额最大，其他三季度减持额较为接近。2009 年，大非股东共减持 246.54 亿元，占比 60.28%；小非股东减持 162.44 亿元，占比 39.72%（见表 7.4）。

从累计减持比例看，截至 2009 年 12 月 31 日小非减持比例为 52.89%，大非为

14.2%；大非累计减持比例与上年年末的 22.54% 相比，呈明显降低趋势。

表 7.4　深圳市场大小非减持情况

时间	大非		小非	
	减持金额（亿元）	减持比例（%）	减持金额（亿元）	减持比例（%）
2006 年 3 季度	0.71	3.14	2.46	22.90
2006 年 4 季度	29.94	23.82	27.82	27.84
2007 年 1 季度	48.93	28.53	58.13	40.78
2007 年 2 季度	139.04	34.45	186.91	53.67
2007 年 3 季度	130.32	36.20	145.66	56.19
2007 年 4 季度	110.28	35.23	77.08	59.18
2008 年 1 季度	75.40	35.21	106.83	61.82
2008 年 2 季度	25.39	31.36	39.51	62.51
2008 年 3 季度	25.10	29.26	15.32	63.27
2008 年 4 季度	24.34	22.54	11.41	60.11
2009 年 1 季度	35.12	17.07	33.22	50.40
2009 年 2 季度	60.44	14.01	53.97	51.97
2009 年 3 季度	60.46	13.41	34.63	51.58
2009 年 4 季度	89.55	14.23	40.22	53.00
合计	847.56		829.52	

注：减持比例——∑减持数量/∑解禁数量×100。

资料来源：深圳证券交易所。

（七）创业板推出及新股恢复发行上市相对平稳

2009 年 7 月份，深沪市场恢复了新股的发行和上市，共有 54 只中小板股票先后在深交所发行上市，IPO 融资合计 423.64 亿元，平均发行市盈率为 45.37 倍，上市首日平均涨幅为 64.87%，首日换手率平均为 76.44%。以 12 月 31 日的收盘价计算平均市盈率为 91.56 倍，较中小板整体 51.01 倍市盈率高出 79.49%。通过实施重点监控，54 只中小板新股在上市首日和之后的交易、走势总体较为平稳。

2009 年 10 月 30 日和 12 月 25 日，首批 28 家和第二批 8 家创业板股票分别挂牌上市，公开发行后总股本 34.6 亿股，流通股本 6.48 亿股，IPO 融资额为 204.08 亿元。每家公司平均发行量为 2249 万股，平均发行市盈率为 60.77 倍，较 2009 年 IPO 重启以来中小板公司相应平均发行市盈率 45.37 倍高出 33.94%。首批 28 只创业板股票上市首日股价波动较大，开盘价平均涨幅76.46%，最大平均涨幅一度达到170%，收市平均涨幅为106.23%，首日平均换手率高达88.88%。12月25日，第二批创业板的8只股票挂牌上市，上市首日平均涨幅45.2%，平均换手率72.24%，与首批28只股票相比较，这8只股票上市首日股价平均涨幅及平均波动幅度大为减少。创业板开板以来，股票运行有一定的齐涨齐跌现象，且机构参与度很低，不足2%。2009年创业板股票累计成交1828.1亿元，以收盘价计总市值1610.08亿元，流通市值298.97亿元，平均市盈率为105.38倍。

二、登记结算情况

（一）深市证券账户开户数量比上年同期有所增长

2009年，A股证券账户开户869万户，比上年同期715万户增加154万户，增幅为21.49%（见表7.5）。

表7.5　开户情况统计表

单位：户

账户类别		2009 年开户数					截至 2009 年 12 月 31 日 期末账户数		
		个人	机构	小计	与上年同比增长	占累计开户比例	个人	机构	小计
A 股 账户	数量	8654464	32490	8686954	21.49%	12.00%	72063397	346538	72409935
	比例	99.63%	0.37%	100.00%	—	—	99.52%	0.48%	100.00%
B 股 账户	数量	29044	932	29976	3.68%	3.06%	963368	16245	979613
	比例	96.89%	3.11%	100.00%	—	—	98.34%	1.66%	100.00%
基金 账户	数量	1577667	5534	1583201	31.17%	8.96%	17656469	18567	17675036
	比例	99.65%	0.35%	100.00%	—	—	99.89%	0.11%	100.00%
共计	数量	10261175	38956	10300131	22.82%	11.31%	90683234	381350	91064584
	比例	99.62%	0.38%	100.00%	—	—	99.58%	0.42%	100.00%

注：三板的账户已经合并到 A 股账户中。

资料来源：中国证券登记结算有限责任公司深圳分公司。

（二）深市登记存管服务对象更加丰富，远程服务内容逐渐增多

2009年，深圳证券市场正式启动了创业板，相应的登记存管业务也增加了这

一新板块的业务内容。结合创业板上市公司的特点，深市登记存管业务进一步提高业务办理效率，降低业务收费，并且积极提供远程办理途径，为创业板发行人提供高效低廉的便利服务。

2009 年，深市登记存管业务向深市股票发行人推出网上服务平台——发行人E 通道，发行人可通过该网上服务平台，办理日常频发业务，比如股东名册等数据查询、现金红利及红股分派等权益分派业务等。发行人 E 通道的推出，标志着深市登记存管服务水平又上了一个新台阶。

截至 2009 年年底，中国结算深圳分公司累计完成 467 家主板 A 股上市公司股权分置改革股份变更登记和对价安排，占深市主板上市公司（A 股）477 家的98%。2009 年依旧是股权分置改革后限售股份解禁的高峰期，共完成 457 家次上市公司限售股份解除锁定业务，大小非解禁股数达到历史高峰，涉及 452.38 亿股。

2009 年也是新股登记业务高峰期，全年共计完成 54 只深市中小企业板和 36只创业板新股登记工作，分别新增股本 89.19 亿和 34.60 亿。股份增发 54 家次，涉及股本 149.26 亿股，配股 5 家次，涉及股本 7.39 亿股（见表 7.6）。

表 7.6　2008—2009 年证券发行情况

年　　份	2008	2009
一、股票发行及送股、转增股只数（只）	135	149
首发	72	90
增发	61	54
配股	2	5
二、股票发行总股本（亿股）	224.50	280.44
（一）首发	114.87	123.79
有限售条件的流通股	94.00	102.00
无限售条件的流通股	20.87	21.80
（二）增发	108.32	149.26
有限售条件的流通股	91.46	138.03
无限售条件的流通股	16.86	11.22
（三）配股	1.32	7.39
有限售条件的流通股	0.18	2.64
无限售条件的流通股	1.14	4.75
三、债券发行只数（只）	20	40
国债	2	14

续表

年　　份	2008	2009
企业债	10	13
公司债	6	12
可转换债券	2	1
四、债券发行股本（亿张）	1.96	2.88
国债	0.42	0.53
企业债	0.46	0.44
公司债	1.08	1.83
可转换债	—	0.08
五、基金发行只数（只）	5	9
封闭式基金	0	5
开放式基金	5	4
六、封闭式基金发行股本（亿份）	0	169.66

注：本表按登记完成统计。

资料来源：中国证券登记结算有限责任公司深圳分公司。

表7.7　2009年深市股本结构

单位：亿股

	2009年年初	首发	增发	配股	送转股	其他	2009年年末
一、股本总数	3505.03	123.79	149.25	7.39	172.80	18.19	3976.45
二、流通股股份数量	3461.71	123.78	149.24	7.39	172.66	38.92	3953.70
（一）已上市	2050.91	21.79	11.22	4.74	93.12	444.54	2626.32
A股	1903.90	21.79	11.22	4.74	91.93	444.79	2478.37
B股	147.02	0	0	0	1.19	-0.27	147.94
（二）暂未上市	1410.80	101.99	138.02	2.65	79.54	-405.61	1327.39
A股	1410.75	101.99	138.02	2.65	79.52	-405.6	1327.33
B股	0.05	0	0	0	0.02	-0.01	0.06
三、非流通股股份数量	43.31	0.01	0.01	0	0.14	-20.73	22.74

注：1. 股份数量包括已在中国结算办理发行登记但尚未在交易所上市的股份数量和已从交易所退市但尚未在中国结算办理退市登记的股份数量。

2. 流通股发行后暂未上市、配股后暂未上市、送股后暂未上市、配售后暂未上市股份归入"暂未上市部分"项。

资料来源：中国证券登记结算有限责任公司深圳分公司。

表 7.8　2008—2009 年各年上市公司发放现金红利情况

项　　目	2008 年	2009 年
一、发放 A 股红利		
发放现金红利公司家数（家）	369	412
发放现金红利的股本数（亿股）	1723.41	2116.31
发放现金红利总金额（亿元）	322.48	268.42
平均每股分红（元）	0.19	0.13
二、发放 B 股红利		
发放现金红利公司家数（家）	23	28
发放现金红利的股本数（亿股）	73.50	92.53
发放现金红利金额（亿港元）	22.69	13.46
平均每股分红（港元）	0.31	0.15

注：1. 发放现金红利金额 = 每股税前红利 × 股权登记日总股本。

　　2. 按股权登记日统计。

　　3. 发放红利包括因股改而发放的红利（下同）。

资料来源：中国证券登记结算有限责任公司深圳分公司。

表 7.9　2008—2009 年各年基金发放现金红利情况

年　　份	2008	2009
分红基金只数（只）	47	31
分红基金面值（亿元）	674.57	322.28
基金分红总金额（亿元）	467.42	14.86
平均每份基金分红（元）	0.69	0.05

注：1. 基金分红总金额 = 每份基金红利 × 权益登记日总份数。

　　2. 按权益登记日统计。

资料来源：中国证券登记结算有限责任公司深圳分公司。

表 7.10　2008—2009 年各年债券还本付息情况

年　　份	2008	2009
债券还本付息只数（只）	75	94
债券还本付息面值（亿张）	3.62	5.67
债券还本付息金额（亿元）	59.94	95.22

资料来源：中国证券登记结算有限责任公司深圳分公司。

表 7.11　2008—2009 年各年证券存管情况

年　　份	2008 年年末	2009 年年末
一、托管单元数量（个）	1382	1647
券商证券托管单元	838	850
基金特别证券托管单元	496	730
银行特别证券托管单元	9	10
保险特别证券托管单元	39	56
二、托管账户数量（户）	20220984	21880654
券商证券托管单元	20219727	21862822
基金特别证券托管单元	879	1674
银行特别证券托管单元	60	82
保险特别证券托管单元	318	439
三、托管证券市值（亿元）	25354.80	59260.95
托管证券市值（亿港元）	475.07	1076.22
券商证券托管单元（亿元）	21491.20	50334.10
券商证券托管单元（亿港元）	475.07	1076.22
基金特别证券托管单元（亿元）	3247.57	7339.61
银行特别证券托管单元（亿元）	264.77	616.39
保险特别证券托管单元（亿元）	351.26	970.85

资料来源：中国证券登记结算有限责任公司深圳分公司。

（三）深市二级市场结算额大幅增长，一级市场结算额有所下降

2009 年，伴随全球股市排名第三的涨幅，深市 A 股二级市场结算额较 2008 年大幅度增长；首次发行新股（IPO）的证券只数也有所增加，但由于新股发行制度改革，一级市场结算额有所下降，受此影响，全市场结算总额较上年有一定幅度的下降。

2009 年全年，中国结算深圳分公司全年处理的证券交易过户总笔数为 1288424114 笔，同比增加 80.51%；过户总股数 2085842315990 股，同比增加 74.01%。

以人民币为结算币种的一级市场结算总额约 35.19 万亿元，同比减少 53.46%；二级市场结算总额约为 39.61 万亿元，同比增加 100.35%；A 股一级市场结算净额为 26.56 万亿元，同比减少 60.16%；A 股二级市场结算净额约 1.70 万亿元，同比增加 31.78%；全市场结算总额 79.12 万亿元，同比减少 20.73%。

表7.12　2008—2009年各年参与人家数

年　　份	2008	2009
一、境内结算参与人家数（家）	163	160
证券公司	126	120
信托公司	6	6
托管银行	16	19
其他	15	15
二、境外参与B股结算的机构家数（家）	45	45
证券公司	38	38
托管银行	7	7

注：1. 结算参与人指通过本公司证券登记结算系统直接参与本公司组织的证券和资金的清算交收，并承担最终交收责任的证券公司及其他机构。

2. 其他包括财务公司、保险公司、财政公司和国债服务部等结算参与人。

资料来源：中国证券登记结算有限责任公司深圳分公司。

表7.13　2008—2009年结算参与人资金结算情况

	结算总额（亿元）	结算净额（亿元）	结算效率Ⅰ（%）	结算效率Ⅱ（%）
2008年				
人民币	998042.01	679548.61	94.70	22.94
美元（百万元）	7.87	4.46	43.33	—
港元	1286.06	347.58	72.97	—
2009年				
人民币	791191.90	249799.86	95.71	53.37
美元（百万元）	5.32	3.24	39.10	—
港元	2344.15	367.72	84.31	—

注：1. 结算总额：统计期内所有结算项目分币种逐笔计算的应收、应付绝对值之和；

2. 结算净额：统计期内每日每个结算备付金账户净额结算部分应收、应付轧差数的绝对值之和；

3. 人民币结算效率Ⅰ=1－二级市场结算净额÷二级市场结算总额；人民币结算效率Ⅱ=1－（二级市场结算净额＋一级市场结算总额）÷结算总额；

4. 美元结算效率Ⅰ=1－净额结算部分的结算净额÷净额结算部分的结算总额；

5. 港币结算效率Ⅰ=1－二级市场结算净额÷二级市场结算总额。

资料来源：中国证券登记结算有限责任公司深圳分公司。

（四）登记结算技术系统持续发展，满足市场需要

为了安全、高效地实现证券登记结算职能，经过不断地更新和改造，中国结

算深圳分公司采用当前世界上最先进和代表未来发展趋势的设备和技术，建成了一套高效、安全、可靠的技术系统。目前，中国结算深圳分公司在现行结算模式下，具有 5000 万笔成交的系统处理能力（本书中所有的成交笔数均按买卖双向为一笔计算），对于权证和 ETF 等 DVP 品种，具有 1300 万笔成交的系统处理能力；实时开户系统具有 2300 万笔委托和 1100 万笔开户的系统处理能力。

系统实行双机备份，当生产系统出现故障或灾难事件时，备用系统能保持数据的完整，并在极短的时间内进行切换，确保业务的正常运行；具备远程灾难备份功能，可应对本地灾难性事件的发生；确保技术系统的安全可靠；采用模块化设计，各个子系统之间通过数据接口进行关联，在设计时预留了充足的发展空间，使系统具有较强的扩展性。

中国结算深圳分公司登记结算系统包括如下子系统：实时开户系统、证券发行系统、权益分派系统、配股认购系统、证券托管系统、证券清算系统、证券交收系统、资金清算系统、资金交收系统、结算通信系统、凭证电子化系统、办公自动化系统、业务信息统计系统。

（五）积极推动 IT 服务管理标准化建设，全面提升 IT 服务管理水平和服务质量

为了全面提升 IT 服务管理能力，确保登记结算等各技术系统的安全、高效、稳定运行，推行 IT 服务管理的标准化建设，通过 ITIL 在 IT 服务管理领域的国际标准 ISO/IEC20000 的认证，中国结算深圳分公司于 2009 年 5 月 8 日正式启动运维标准化建设项目。

首先，依据 ISO20000 建设的特点划分为"启动和准备"、"现状调研和差距评估"、"体系流程设计"、"试运行及内审"以及"认证审核"五个工作阶段有序地层层落实推进；同时，有针对性地组织运维人员培训，逐步加深了对实施 ISO20000 建设必要性及重要性的认识，促进服务理念和规范流程操作意识的提升；另外，配合 ISO20000 体系建设的推进，开展了运维服务管理（ITSM）平台一期工程建设，提升整体的运维管理水平；此外，设立专岗监控体系的有效执行，并通过每月定期运行例会制度，以服务报告的形式促进运维人员进行相关沟通和交流，提升了不断自主发现问题、改进服务质量的能力，使生产运维工作由经验型逐步向制度化、规范化、标准化转变。

经过半年多的艰苦努力，2010 年 2 月 10 日中国结算深圳分公司以"零不符合项"的优异成绩通过了 ISO20000 认证，运维服务质量和 IT 服务管理水平稳步提升，不断向"完善体系、规范运行、专业务实、互利共赢"的目标迈进。

第八章
外汇市场

一、2009 年外汇市场运行情况

总体上看，2009 年深圳市跨境收支规模明显缩小，虽然经常项目、资本和金融项目继续呈现"双顺差"的态势，但总顺差和银行结售汇顺差均大幅下降。

（一）跨境收支规模缩小，外汇收支顺差和结售汇顺差均大幅下降

2009 年，深圳市跨境收支总额 3069.8 亿美元，同比下降 9.9%。其中，跨境收入 1771.1 亿美元，同比约下降 14.7%；支出 1298.7 亿美元，同比约下降 2.6%；收支顺差 472.4 亿美元，同比大幅下降 35.9%。同期，深圳市银行结汇收入 763.8 亿美元，同比下降 17.1%；售汇支出 413.9 亿美元，同比下降 16.7%；结售汇实现顺差 350.0 亿美元，同比下降 17.7%。

（二）贸易净结汇额小于贸易进出口顺差，差额进一步扩大

2009 年，深圳市贸易出口 1619.8 亿美元，同比下降 10.6%；贸易进口 1081.8 亿美元，同比下降 10.1%；贸易顺差 538.0 亿美元，同比下降 11.6%。与之对应，同期深圳市货物贸易项下净收汇 261.9 亿美元，同比大幅下降 35.0%，比同期进出口顺差低 276.1 亿美元，较上年同期扩大 83.8 亿美元；贸易净结汇 351.9 亿美元，同比下降 11.4%，比同期进出口顺差低 186.1 亿美元，较上年同期收缩 11.8 亿美元。

（三）非贸易外汇收支均下降，收入降幅大于支出

2009 年深圳市非贸易外汇收入 107.6 亿美元，同比下降 17.1%；非贸易外汇支出 100.3 亿美元，同比下降 3.8%；非贸易顺差 7.3 亿美元，同比大幅下降 71.3%。其中最主要的原因是私人净汇入仅 21 亿美元，较上年同期减少 54.1%。其中，私人外汇汇入 43.4 亿美元，同比下降 25.8%；私人外汇汇出 22.4 亿美元，同比上升 77.8%。

（四）外商直接投资下降近一半，境外直接投资有所增长

2009 年，深圳市批准外商直接投资出资额 36.3 亿美元，同比下降 46.9%；尤其是下半年外商直接投资显著放缓。同期，企业境外投资汇出 5.8 亿美元，剔除去年招商银行 46.8 亿美元收购永隆银行，同比增长 22.9%。

（五）证券市场资金净流入，新增六家 QDII 机构

2009 年，深圳证券资金汇入 26.9 亿美元，同比下降 39.2%；证券资金汇出 21.1 亿美元，同比下降 52.3%；证券资金净流入 5.8 亿美元，同比增加 5.7 亿美元。同期，境外上市募集资金 2.3 亿美元，比上年增加 1.9 亿美元。全年新增 6 家 QDII 机构，批准境外投资额度 37.8 亿美元。截至 2009 年年末，深圳 11 家 QDII 机构累计获批额度 211.7 亿美元。

（六）外债规模略降，贸易信贷余额大幅增长

截至 2009 年 12 月末，深圳市外债余额 111.4 亿美元，比年初下降 7.7%。其中，中长期外债余额 72.5 亿美元，占 65%，同比下降 4.7%；短期外债余额 39.0 亿美元，占 35%，同比下降 12.6%。同期贸易信贷系统登记余额为 62.52 亿美元，比 6 月末增长 133.9%。其中，进口预付、出口延收余额分别为 5.11 亿美元、29.96 亿美元，出口预收、进口延付余额分别为 3.75 亿美元、23.7 亿美元。

（七）银行间外汇市场参与机构基本持平，交易品种齐全

2009 年，深圳辖内有 13 家会员银行参与银行间人民币外汇即期交易，有 3 家会员银行参与银行间人民币外汇远期交易，2 家会员银行参与人民币外汇掉期交易，3 家会员银行参与银行间外币买卖交易。即期参与会员数比 2008 年减少 3 家，远期、掉期和外币买卖参与会员数量不变。其中，人民币外汇即期交易做市商 2

家，其交易总量占深圳总成交的98.6%。深圳成为北京、上海之后，第三个拥有两家以上（含两家）做市商银行的城市。2009年，深圳银行间人民币外汇市场合计成交量同比增长24.8%。其中，人民币外汇即期市场成交量同比增长14.0%，人民币外汇远期市场合计成交量同比下降36.1%，人民币外汇掉期市场合计成交量同比增长3.0倍，外币买卖市场合计成交量同比增长3.2倍。

二、深圳外汇市场统计数据

（一）深圳外汇收支及结售汇数据

表8.1　2002—2009年深圳市外汇收支及结售汇数据表

单位：亿美元

年份	外汇收入	外汇支出	结汇收入	售汇支出
2002	345.1	238.1	172.7	105.9
2003	481.9	349.1	237.0	142.1
2004	740.6	501.0	317.9	167.6
2005	978.9	634.5	423.0	176.9
2006	1254.0	869.8	510.2	255.0
2007	1413.0	1047.8	719.5	362.8
2009	1771.1	1298.7	763.8	413.9

资料来源：中国人民银行深圳市中心支行。

（二）深圳外债期限结构数据

单位：亿美元

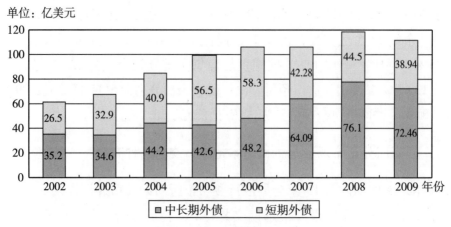

图8.1　深圳外债期限结构图

资料来源：中国人民银行深圳市中心支行。

第九章
黄金市场

（一）深圳会员交易量成倍增长，份额有所上升

2009 年年末，上海黄金交易所拥有各类会员 162 家，其中深圳地区会员 25 家，具体为金融类 4 家，综合类 21 家。深圳地区全年新增综合类会员 1 家，减少自营类会员 1 家。

2009 年深圳地区会员交易量为 952.17 吨，同比增长 143.21%，增幅比上海黄金交易所平均增幅高 7.5 个百分点。其中黄金交易量 320.66 吨，同比增长 23.65%；铂金交易量 6.56 吨，同比增长 87.96%；白银交易量 624.95 吨，同比增长 385.64%。

深圳会员交易量占上金所交易量的 6.81%，同比上升 1 个百分点。

（二）深圳地区黄金交割出库量占比高达 55.24%

作为我国黄金饰品主要生产和批发基地，目前，深圳黄金珠宝首饰生产、批发量约占全国市场的 70%。随着这一产业的持续发展，黄金、铂金的需求量越来越大，深圳地区黄金、铂金交割出库量也屡创新高。

2009 年深圳地区黄金交割出库量 331.15 吨，同比增长 26.86%。占上金所黄金出库量的 55.24%，占比较上年上升 7.18 个百分点，一改占比在 45% 至 48% 徘徊数年的局面，再次突破 50% 重要关口。

深圳地区铂金交割出库量 16.55 吨，同比增长 96.94%，占上金所铂金出库量的 57.68%，同比上升 20.63 个百分点，占比连克 40%、50% 整数关口，增长强劲。

（三）夜市交投更加活跃，地位更加突出

深圳夜市的开通大大延长了上金所的交易时间，使该所的交易时段与全球主要黄金市场活跃交易时段有一定重合，为国内投资者规避价格风险提供了便利。目前，夜市交易已成为上金所的独有优势，对上金所的贡献率也越来越高。

2009 年，夜市累计成交量 9884.21 吨，同比增长 152.95%，占上金所总交易量的 47.1%，同比上升 3.4 个百分点。其中黄金成交量 1568.15 吨，同比增长 7.10%；铂金成交量 5.23 吨，同比增长 23.30%；白银成交量 8310.83 吨，同比增长 240.67%。

夜市累计成交额 3723.3 亿元人民币，同比增长 26.2%，占上金所总交易额的 34%，同比上升 1.2 个百分点。其中，黄金成交额 3410.86 亿元，同比增长 19.50%；铂金成交额 14.23 亿元，同比增长 2.90%；白银成交额 298.21 亿元，同比增长 264.56%。

2009 年黄金延期交易比重继续上升，全年黄金延期交易量 1505.94 吨，占黄金交易量的 96.03%，同比上升 1.83 个百分点。

（四）金融机构黄金业务发展步伐加快，各有千秋

2009 年，全辖金融机构自营与代理上海黄金交易所黄金交易 67.07 吨，同比增长 76.52%；代理白银交易 208.38 吨；账户金成交 18749 公斤；品牌金成交 2017 公斤；黄金租赁 19.96 吨。此外，深圳是国内各主要商业银行黄金寄售业务的主要进口口岸。

2009 年深圳金融电子结算中心自主研发的黄金二级交易系统顺利通过上金所验收测试，成功投产运行，并为深圳发展银行开发了包括延期交易在内的新的黄金二级交易系统，打破了金仕达公司对黄金二级交易系统市场的垄断。该中心还与汉口银行、东莞银行、大连银行正式签订了代理个人黄金交易业务合作协议，为中小金融机构进入黄金市场建立了通道。

2009 年招商银行代理个人开户数分别占上金所个人客户存量和当年增量的 34.8% 和 62.7%，涵盖交易、清算、融资、租赁、仓储、信托理财等多个层面的"一金通"受到了市场的广泛关注。

2009 年深圳发展银行正式在全国范围内推出代理个人客户贵金属延期交收交易业务，成为华南地区第一家推出该项业务的银行。

2009 年建设银行创新推出了"金财宝"业务，在"借金还金"业务的基础上，将银行理财产品与企业授信结合起来，既规避了金价波动的风险，又有效降低了企业的融资成本。

二、深圳黄金市场统计数据

（一）深圳夜市成交量与成交额

1. 深圳夜市成交量

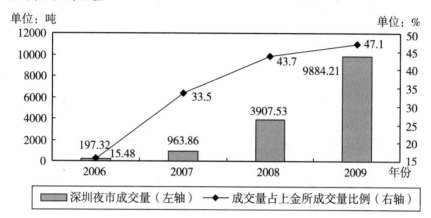

图 9.1　深圳夜市成交量及占上金所成交量比例

资料来源：中国人民银行深圳市中心支行。

2. 深圳夜市成交额

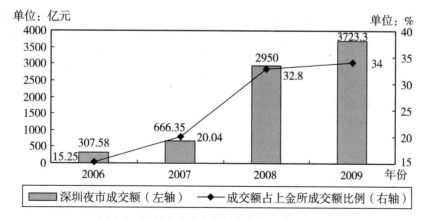

图 9.2　深圳夜市成交额及占上金所成交额比例

资料来源：中国人民银行深圳市中心支行。

（二）深圳交割库黄金出库量

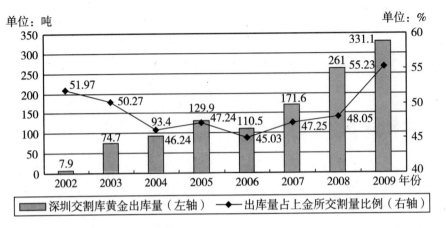

图9.3 深圳交割库黄金出库量及占上金所交割量比例

资料来源：中国人民银行深圳市中心支行。

（三）深圳会员黄金出库量

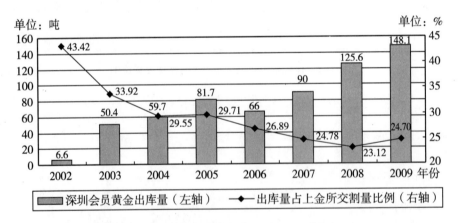

图9.4 深圳会员黄金出库量及占上金所交割量比例

资料来源：中国人民银行深圳市中心支行。

行业篇

Hangye Pian

第十章
深圳银行业

一、2009 年深圳银行业发展现状

2009 年年末，全市银行业金融机构资产总额 27634.10 亿元，比年初增加 7050.75 亿元，增幅 34.25%，高于全国平均水平 8 个百分点。全市银行业金融机构各项贷款余额 14783.39 亿元，比年初增加 3595.02 亿元，同比多增 2413.71 亿元，增加额创深圳特区成立以来信贷投放新高，是 2006 年、2007 年、2008 年三年增加额的总和；增幅 32.13%，高于全国平均水平 0.39 个百分点。全市银行业金融机构各项存款余额 18357.47 亿元，比年初增加 4102.58 亿元，增幅 28.78%，高于全国平均水平 1.11 个百分点。

全市银行业金融机构不良贷款余额 226.66 亿元，比年初增加 4.63 亿元；不良贷款率 1.54%，比年初下降 0.45 个百分点，不良率低于全国平均水平 1.80 个百分点。全市银行业金融机构实现税前利润 335.35 亿元，同比减少 50.30 亿元，降幅 13.04%。

二、2009 年深圳银行业务经营管理情况

（一）银行业务结构的变化

深圳银行业传统业务仍以存贷款为主。在 2008 年的基础上，各项数据均有所增长；中间业务平稳发展，中间业务收入占比呈逐渐增加态势。2009 年，全市银行业金融机构共实现中间业务收入 116.27 亿元，同比增长 17.09%，其中代理股

票业务收入和代理基金业务收入同比分别增长 14.07% 和 52.15%。

产品创新方面，深圳银行业以强大的流程、研发和信息等优势为支撑，充分顺应经济金融形势与市场需求热点，快速开发实施了一大批兼具原创性和效益性的金融创新项目，为深圳银行业化解危机冲击、实现经营转型赢得了有利条件。2009 年，深圳银行业金融机构共有 92 个产品创新项目参与了深圳市政府的金融创新评奖，较 2008 年增长 26%。综观 2009 年，深圳银行业的金融创新呈现出以下几个特征：一是与授信相关的金融创新比重增加，共计 33 项占比达 36%，较 2008 年高 15 个百分点，此特征与 2009 年信贷市场的运行高度相关，金融创新很大程度上成为银行提升有效信贷投放的重要手段；二是批发业务的金融创新仍然主导金融创新的方向，共计 47 项，占比达 52%，占比较 2008 年高 23 个百分点，零售业务创新 21 项占比为 23%，占比较 2008 年下降 6 个百分点，特别是一些高风险理财产品的金融创新较 2008 年急剧萎缩；三是中资银行金融创新保持旺盛势头，外资银行也急起直追，2009 年中资银行业金融机构创新 77 项，占 84%，较 2008 年下降 13 个百分点，表明随着外资银行经营范围的不断扩大和对国内市场熟悉程度的不断提高，其金融创新实力逐渐显现；四是业务创新依然是金融创新的主要领域，2009 年共有业务创新 77 项，占各类金融创新的比重达 84%，较 2008 年上升 29 个百分点。

（二）银行业赢利情况变化

1. 资产与负债概况

截至 2009 年年末，深圳市银行业金融机构资产总额 27634.10 亿元，同比增长 34.25%。上半年资产总额不断走高至接近 3 万亿元，三季度逐月回落，11 月大幅上涨至 3.16 万亿元后又快速回落。上半年资产的稳步增长主要得益于贷款余额的持续增加，而 6 月末以来资产总额的大幅波动则同资本市场重启新股发行的节奏密切相关。从负债概况来看，截至 2009 年年末，深圳市银行业金融机构负债总额 26716.60 亿元，同比增长 35.30%（见图 10.1）。

2. 赢利模式的变化

截至 2009 年年末，深圳银行业共实现税前利润 335.35 亿元，同比下降 13.04%；资产利润率 1.39%，同比下降 0.49 个百分点。全年利润同比一直处于下降状态，1—3 季度利润同比降幅呈逐步扩大趋势，4 季度同比降幅明显收窄，除了贷款结构优化和议价能力提升引致净息差上升外，另一个重要原因是 2008 年年末深发展大规模计提拨备导致上年利润基数较低所致，2009 年深圳银行业累计计提资产减值损失准备 36.17 亿元，同比下降 19.14%（见图 10.2）。

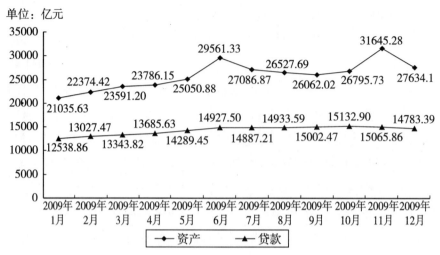

图 10.1 深圳市银行业金融机构总资产和贷款趋势图

资料来源：深圳银监局。

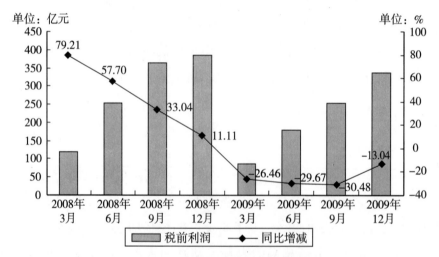

图 10.2 深圳银行业利润趋势变化图

资料来源：深圳银监局。

2009 年深圳银行业金融机构整体营利能力下降较多，表现在以下几方面：

一是净息差收窄，利息净收入同比大幅下降。受金融危机以来央行多次减息、2009 年信贷巨额投放、有效信贷需求不足和无序竞争等因素影响，银行业净息差大幅收窄，营利能力严重受损。2009 年尽管信贷增速空前，但深圳银行业实现利息净收入仅 427.07 亿元，同比下降 16.07%；利息收入率 73.88%，同比下降 6.08个百分点。随着下半年银行控制信贷投放和调整信贷结构，3、4 季度利息净收入同比降幅逐步收窄。

二是受资本市场波动影响，投资收益明显减少。2009 年以来受到债市持续波动影响，银行业投资收益明显减少。截至 2009 年年末，深圳银行业共实现投资收益 67.47 亿元，同比下降 17.71%。

三是营业费用未与收入同步缩减，成本收入比上升。截至 2009 年年末，深圳银行业累计营业支出 261.49 亿元，同比上升 3.54%；成本收入比 35.50%，同比上升 5.80 个百分点。

3. 2009 年深圳银行业风险控制概况

2009 年年末，深圳银行业不良贷款余额 226.66 亿元，比年初增加 4.63 亿元；不良贷款率 1.54%，比年初下降 0.45 个百分点（见图 10.3）。

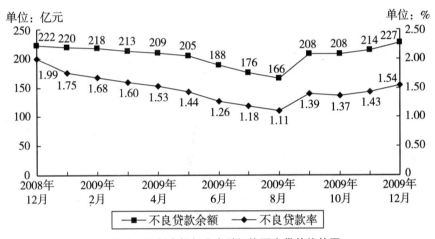

图 10.3 深圳市银行业金融机构不良贷款趋势图

资料来源：深圳银监局。

2009 年深圳银行金融机构不良贷款增加，原因有以下两个方面：

一是个别机构不良贷款集中暴露导致不良贷款大幅反弹。深圳银行业不良贷款 2009 年 1—8 月始终保持"双降"态势，但由于人事变更、调节利润、收紧分类标准等原因，中国银行 9 月份调增 44.21 亿元不良贷款，农业银行、开发银行 12 月末分别调增 6.06 亿元、4.29 亿元，使得 2009 年 9 月、12 月当月不良贷款分别增加了 42.27 亿元、12.96 亿元，导致全年不良贷款余额未能实现下降。所幸经本年贷款大量投放的稀释，不良贷款率比年初仍有所下降。

二是损失准备充足率同比微降，拨备覆盖率同比有所提高。尽管资产减值损失准备金余额有所增加，但由于关注类贷款增幅较大导致贷款损失准备充足率同比下降。2009 年，深圳市中资银行贷款损失准备余额 256.00 亿元，同比增加 28.67 亿元；深圳银行业贷款损失准备充足率 159.99%，同比下降 3.05 个百分点；

拨备覆盖率 120.30%，同比提高 10.82 个百分点。

▍三、深圳银行业发展展望

2010 年是实施"十一五"规划的最后一年，也是应对国际金融危机的关键之年。2010 年中央经济工作会议明确提出，要保持宏观经济政策的连续性和稳定性，继续实施积极的财政政策和适度宽松的货币政策，同时把握好政策实施的力度、节奏、重点，关注民生成为财政和货币政策的共同"重点"。

结合 2009 年深圳银行业的发展情况和 2010 年国家相关经济政策走势来看，2010 年深圳银行业发展将呈现如下几个特点：

1. 信贷规模保持适度增长

2010 年全国新增人民币贷款为 7.5 万亿元左右，虽然较 2009 年的 9.59 万亿元有所减少，但仍然属于适度宽松的范围。深圳作为改革开放的窗口，经济发展速度较快，2010 年计划 GDP 增长 11% 左右，经济总量将超过 9000 亿元，信贷需求较为旺盛，预计信贷规模仍能保持适度增长。

2. 信贷投放更为均衡

2009 年深圳银行业信贷投放呈现出前快后慢、全年投放不均衡的特点，而 2010 年各家银行均采取逐月核定规模控制指标，实施上限管理，预计全年贷款增长更为均衡，投放节奏更为合理。

3. 机构走出去的步伐加快

2009 年深圳有 3 家股份制银行、1 家外资银行申请在广东省内设立异地分支机构，其中民生银行江门支行已经开业。2010 年深圳银行业金融机构设立异地分支机构的步伐将有所加快，目前共有 12 家银行申请设立 16 家异地网点，深圳本地机构向周边地区的辐射作用明显增强。

4. 金融服务体系更为完善

除继续积极引进专注于中小企业金融服务的城市商业银行外，2010 年村镇银行的组建将出现实质性进展，比亚迪汽车金融公司的筹建工作也在积极推动，深圳金融市场的主体将更为多元化，金融服务体系也将更为完善。

5. 银行定价能力有所增强

监管部门对信贷投放节奏的控制，一定程度上降低了银行放贷的数量，供求预期的变化，改善了银行的定价能力。各家银行纷纷取消按揭 7 折利率，公司贷款，尤其是中小企业贷款的利率也出现上浮的迹象。

第十一章
深圳证券业

（一）证券公司概况

自实行综合治理以来，深圳证券业在资本实力、传统业务挖潜、创新业务布局、风险合规管理能力、IT 治理和营运效率等方面，都取得了长足发展。截至 2009 年年底，深圳 17 家证券公司总资产达 4702 亿元，净资产 1291 亿元，实现营业收入 463 亿元，税后净利润 225 亿元，占到全国行业净利润总额的 24.12%，在全国排名均为第一。在中国证监会主管的证券公司分类监管评级中，深圳证券公司有 6 家为 A 类公司（AA 级公司有 3 家），9 家为 B 类公司，2 家为 C 类公司。深圳证券行业在逐年的稳步发展中，奠定了在全国竞争中的优势地位。

在以净资本为核心的风控监管体系下，深圳券商增资扩股的需求持续高涨。在 2009 年，深圳辖区有 5 家证券公司完成了增资扩股，其中招商证券公司成功上市，募集资金近 109 亿元。一批中小型证券公司也通过引进战略投资者、老股东再增资等方式，增加资本实力。到 2009 年年底，17 家证券公司的总注册资本达 328.29 亿元，比 2008 年增加 17.67 亿元；净资本总额达 963.2 亿元，比 2008 年增加 181.15 亿元。不断增厚的净资本规模，为深圳券商开展融资融券和代理股指期货交易等创新业务带来较大的发展空间。

2009 年，深圳辖区有 6 家证券公司获批新设网点，在网点增加的同时，进一步优化了在全国的区域布局；有 5 家证券公司扩大了业务范围，以努力实现各项经营业务的均衡发展。在 2009 年，辖区已有 10 家证券公司完成参股期货公司的各项工作，7 家证券公司获得 IB 业务资格，为新业务的开展做好了准备；另有 5 家证券公司在香港设立了分支机构，占境内在香港设立的 14 家分支机构的 35.71%，它们已相继开展了证券经纪、投资银行、证券研究、资产管理和理财顾问服务。还有 5 家证券公司已成立直投子公司及产业资金。截至 2009 年年底，深圳 17 家证券公司共有营业部 569 家，比 2008 年增加 49 家；有从业人员 32512 人，比 2008 年增加 8624 人，增幅为 36.10%（见表 11.1）。

表 11.1 深圳证券公司营业网点数量与从业人员数量（2009 年）

序号	机构名称	营业部数量（家）	服务部数量（家）	从业人员数（人）
1	中信证券	43	3	2770
2	国信证券	54	0	9197
3	中投证券	77	21	4016
4	安信证券	109	3	2361
5	招商证券	71	0	2063
6	第一创业证券	7	0	819
7	华泰联合证券	48	0	3578
8	平安证券	25	1	1062
9	英大证券	16	0	432
10	华鑫证券	21	0	486
11	中山证券	14	0	672
12	长城证券	25	0	1110
13	世纪证券	23	0	1595
14	华林证券	13	0	1542
15	银泰证券	11	0	443
16	五矿证券	3	0	105
17	众成证券	9	0	261
	合计	569	28	32512

资料来源：深圳市证券业协会。

（二）证券公司经营状况

2009 年，为应对全球金融危机，中国强力实施了 4 万亿元经济刺激方案，并推行相关政策措施，加上全球经济呈复苏之势，投资者对中国股市信心明显增强。

市场回暖带来了股市交易量的持续放大，九成以上的市场指标呈现上涨趋势：上证综指同比上涨79.98%，个股均价上调75.63%，沪市各类证券总成交金额较上年增长62.55%。而深证成指同比上涨111.24%，加权平均股价上调116.56%，深市各类证券总成交金额较上年增长九成多。

2009年，深圳17家证券公司总资产4702亿元，较上年增长58.58%；净资产1291.17亿元，较上年增长27.51%；净资本963.20亿元，较上年增长23.95%；客户交易结算资金余额3734.21亿元，股票基金交易额为223916.33亿元，占全行业市场份额的22.59%；承销总金额925.28亿元；实现营业收入463.77亿元，实现净利润225.04亿元，分别比2008年增长了54.61%和66.65%（见表11.2）。与2008年同期相比，深圳券商的营业收入和净利润呈现良好的增长态势，这与近年来深圳证券业坚持走合规创新之路，实施标准化服务流程和个性化服务内容相结合的营销和服务新模式，加强内部风险控制和管理，不断提升服务与产品的赢利空间密切相关。

表11.2　2007—2009年深圳证券公司资产、收入及净利润同比情况

项目	2007年	2008年	2009年	2009年与2008年同比增长（%）
总资产（亿元）	5082	2965.06	4702.00	58.58
净资产（亿元）	978	1012.57	1291.17	27.51
净资本（亿元）	669	777.05	963.20	23.95
营业收入（亿元）	812	299.96	463.77	54.61
净利润（亿元）	371	135.03	225.04	66.65

资料来源：深圳市证券业协会。

二、2009年深圳证券业务经营管理情况

（一）证券经纪业务情况

2009年深圳17家证券公司完成股票、基金交易额达223916.33亿元，较2008年增加123365.82亿元，增长122.69%，深圳辖区券商股票基金交易量的市场份额始终在全国排名第一。权证交易额31553.79亿元，较上年下降了5.86%。股票、基金交易额达8000亿元以上的证券公司有7家，分别是：国信证券51376亿元、招商证券44288亿元、中投证券25558亿元、安信证券25385.15亿元、中信

证券 19356 亿元、华泰联合证券 17520 亿元和长城证券 8638 亿元。

2009 年年末深圳券商客户交易结算资金余额达 3734.21 亿元，较 2008 年增加 2206.41 亿元，增长 1.44 倍。其中客户交易结算资金余额在 100 亿元以上的券商有：中信证券 1124.78 亿元、招商证券 574.85 亿元、国信证券 565.65 亿元、中投证券 347.29 亿元、华泰联合证券 234.31 亿元、平安证券 136.22 亿元和长城证券 105.85 亿元。2009 年客户交易结算资金余额的大幅增长，表明投资者对证券市场的资金投放量和参与度空前高涨。

2009 年，随着证券市场交投量的大幅回升，日均交易额的持续攀升，为深圳券商的经纪业务收入带来了超预期的增长。据统计，2009 年深圳 17 家证券公司的经纪业务收入达 297.77 亿元，较 2008 年增加 115.72 亿元，增幅为 63.56%（见表 11.3）。

表 11.3 深圳证券公司经纪业务情况一览表（2009 年）

序号	机构名称	股票、基金交易额（亿元）	权证交易额（亿元）	股票、基金交易额较上年增长（%）
1	中信证券	19356.26	651.47	80.72
2	国信证券	51376.00	2826.00	105.00
3	中投证券	25558.13	7885.25	100.22
4	安信证券	25385.15	6056.32	135.56
5	招商证券	44288.00	4620.00	224.80
6	华泰联合证券	17520.56	3342.85	106.25
7	平安证券	8932.00	301.00	68.00
8	长城证券	8638.79	2275.02	112.00
9	华林证券	4173.21	1822.00	151.28
10	英大证券	3795.17	194.83	112.12
11	世纪证券	3187.89	278.58	140.48
12	华鑫证券	2920.47	94.90	83.18
13	中山证券	2856.40	191.20	88.10
14	第一创业证券	2895.43	243.30	83.90
15	银泰证券	1733.82	725.78	198.63
16	众成证券	908.04	28.90	105.00
17	五矿证券	391.01	16.39	93.46
	合　计	223916.33	31553.79	122.69

资料来源：深圳市证券业协会。

（二）投资银行业务和自营业务

2009 年，深圳证券公司共完成主承销项目 181 个，比 2008 年增加 109 个，增幅为 1.51 倍。其中 IPO 项目 45 个，比 2008 年增加 22 个。取得承销业务收入 49.06 亿元，比 2008 年增加 33.67 亿元，增幅为 2.18 倍。从承销家数看，中信证券优势明显，其凭借 55 个主承销项目，成为深圳证券公司主承销家数第一名，第二名至第四名的分别是平安证券、招商证券和国信证券。

2009 年，深圳有 12 家证券公司开展了自营业务，自营业务投入规模为 769.45 亿元。按投资收益和公允价值变动的财务口径统计显示，这 12 家开展了自营业务的深圳券商都取得了较好的收益，其中中信证券、招商证券、国信证券、第一创业证券、中投证券、安信证券和华泰联合证券公司的自营业务都取得了超亿元的收入。

（三）创新业务开展情况

2009 年，深圳有 7 家证券公司经中国证监会批准开展了集合资产管理业务，其集合资产管理业务规模为 354.5 亿元，取得管理费收入 31933.43 万元。详见表 11.4。

表 11.4　深圳证券公司集合资产管理业务情况一览表（2009 年）

序号	机构名称	集合资产管理规模（亿元）	管理费收入（万元）
1	中信证券	102.15	14608.59
2	招商证券	46.04	4587.00
3	国信证券	40.51	7873.24
4	安信证券	23.49	1189.26
5	中投证券	11.82	2681.34
6	平安证券	125.00	469.00
7	第一创业证券	5.49	525.00
	合计	354.50	31933.43

资料来源：深圳市证券业协会。

三、深圳证券业发展展望

自 1987 年深圳经济特区证券公司成立以来，伴随着中国证券业的快速发展，深圳证券业成为改革的试验田，从无到有，从小到大。深圳证券业风风雨雨走过了 23 年的发展历程，成为中国资本市场的前沿阵地。

深圳证券业具有较好的产业基础，同时由于深交所的带动效应、国内实力居前的证券商群体、较大规模的上市公司总量、具有创新意识和创新能力的拟上市公司受益于创业板的推出等等，为深圳证券业形成了一个较强的集聚效应，加之深圳金融业有较完善的配套支撑体系，在中国证券市场向更深层次发展的道路上，深圳证券行业依然在全国保持较大的比较优势。

跨入 21 世纪的第二个十年，深圳证券业的发展已成为做大做强深圳金融产业的核心内容之一。随着资本市场改革的不断深化，创新程度的日渐加强，合规经营理念不断深入人心，深圳证券业的未来发展将呈现出传统优势和创新领域齐头并进的发展趋势，主要体现在如下几个方面：

（一）市场总容量和结构进一步改善

股权分置改革以来，我国证券市场进入快速成长期，市场总容量明显上升，但相对于海外成熟的证券市场，中国上市公司的规模和数量仍然偏小。伴随着国民经济的进一步发展，证券市场的总容量有望保持目前的增长速度。从融资结构上看，直接融资仍具备较大的发展空间，直接融资比例上升的趋势将带来市场容量的进一步提升。2010 年国内 A 股限售股解禁数量约为 3800 亿股，国内流通股比例将上升至 90%。从投资者结构上看，2010 年机构投资者的市场地位将得到进一步的巩固。随着证券投资基金、集合理财等资产管理业务的高速发展，机构投资者已经占据市场半壁江山，预计这个比重在 2010 年还会不断提升。与此同时，预计融资融券和股指期货等新业务的推出初期将带动市场交易量的提升。随着创业板的顺利启动，国际板筹备深入，资本市场的深度和广度将得以大幅提升，2010年市场的融资功能将恢复和提升到一个新的水平。

（二）深圳原有的行业领先地位将得到进一步增强

目前，注册地在深圳的证券公司有 17 家，全国各券商在深圳所设证券营业部近 200 个。深圳证券公司的平均注册资本、净资产、总资产、客户保证金、净资本等各项重要经营指标均超全国平均水平。在行业经营规模、竞争能力、资产质量和抗风险能力等方面具备相当的优势。随着综合治理以来构建的监管体系和政策的逐步成型，市场化监管思路的逐步实施，将使得影响证券业发展的核心因素由过去的政策牌照，逐步转移到券商本身的内生性因素上，如战略定位、管理水平等方面。

所以，虽然证券行业在综合治理后迎来的黄金发展时期提升了行业整体规模和利润水平，但核心竞争力的构建尚刚刚起步。在行业竞争日趋激烈、行业集中度不断提升的大背景下，经营规模、业务与管理的创新等方面综合实力更强的深圳券商，将更加关注战略定位选择的差异化，以及业务发展模式的不断创新，从而进一步增强深圳在全国资本圈的行业领先地位。

（三）创新业务将带来重大发展机遇

2009 年深交所创业板的开市，不仅标志着中国资本市场多层次建设取得实质性突破，更意味着资本市场成为创新经济的"新引擎"。而作为"新引擎"所在地的深圳，其证券业有望借此东风实现快速发展，其区域性金融中心地位将得到不断强化。2010 年股指期货和融资融券等创新业务的推出，将在提高经纪业务收入、增加利息收入等方面对深圳证券公司业绩产生积极的影响，有利于进一步增强深圳证券业的竞争力。

按照中国证监会"试点先行，逐步推开"的原则，深圳辖区内一批领先型券商有望率先取得先发优势，而后全面铺开后，拥有券商数量排名居前的深圳证券业的发展将被进一步催化。2010 年深圳证券行业将继续保持经纪、投行、资产管理等传统中介业务的国内领先地位，市场份额有望进一步攀升。创新将是证券行业业绩和估值提升的最大催化剂，深圳作为国内证券业最具创新竞争力的区域，也将在 2010 年迎来更大的发展。

可以预见，随着各种创新业务的逐次推出，中国资本市场将迈上一个新的层次，证券公司的发展将越来越依赖自身的实力。随着服务部升级和新设营业部数量的快速增加，市场份额继续保持高度集中，资源向大型券商集中的趋势十分明显，行业整合不可避免。深圳证券行业将努力创造条件，通过增资扩股、上市集资、收购兼并或联合合并等多种方式不断做大做优，为日益激烈的市场竞争做好充分的准备。同时深圳证券业将随着资本市场的变化，积极谋求自身的优化转型，不但在规模上进一步保持领先优势，还将在专业水平上不断努力提升，以引领国内证券行业风气之先。

（四）券商可持续发展的经营管理模式有新的突破

面对竞争日益激烈的现实，深圳券商在区域内、在行业内要形成自己的差异化与比较优势，脱离同质化竞争的泥潭，方能获得持续发展的机会。从发展趋势看，深圳证券行业需要率先进入产业升级阶段。目前深圳证券业的客户机构化、高端化的趋势正在加快，如果仅靠提供简单通道服务以及以生产为导向的简单营销，其生存空间正在受到压缩，整个行业需要进行产业升级，要长期发展需要开始步入到以客户需求为导向、以产品服务和财富管理为主要手段的新阶段。因此在战略上，深圳券商必须坚持立足特色经营、把握机会、超前布局；在行动上要发挥优势，了解客户、服务客户，为广大投资者提供更为专业、更为及时、更为个性化的后续金融理财服务，使投资者在证券公司能够得到持续的保值增值服务。

（五）深港证券业合作将迎来更大发展空间

随着《粤港合作框架协议》的签署和相关金融合作内容的逐步落实，深圳金融企业将借助深港加强合作的有力契机，通过引进战略投资者、直接到香港开展证券业务等，经营规模和市场竞争力将得到显著增强。2010 年深港两地的金融合作将迎来新的发展局面，深圳将进一步发挥毗邻香港国际金融中心以及拥有深交所的独特优势，深化深港金融合作。据有关方面预计，推出跨境 ETF 目前不存在法律障碍，开启港股 ETF 将对深圳资本市场带来积极的影响，这不仅增加了国内证券市场的交易品种，为投资者提供更多的金融工具，而且随着深交所交易规模的提高，还可提高深交所的国际影响力和吸引力。

深圳市金融办有关负责人指出，当前两个证券市场还不能完全放开，但通过粤港的试验、创新，将为未来两地进一步的金融合作探路。现在深圳已有 5 家券商在香港设有子公司开展业务。今后深圳与香港市场的联动性将进一步增强，深圳各大券商"走出去"战略将以香港为桥头堡，通过兼并或设立境外分支机构，人才的引进等活动，抢占出港先机，将视野从本土竞争放到全球竞技，以此逐步带动深圳证券业的国际竞争能力培育。

第十二章
深圳基金业

一、2009 年深圳基金业发展现状

深圳作为中国重要的基金公司聚集地，多年来深圳基金管理公司以"敢为天下先"的特区精神引领业界，为将深圳打造成中国重要的资产管理中心而努力。截至 2009 年年底，注册地在深圳的基金公司有 16 家，管理基金数量 178 只，管理资产规模 9242 亿元，三项指标均排名全国第二，位于上海之后。而从办公地址在深圳的口径来统计深圳本地基金公司的话，现有基金公司 14 家，基金 152 只，管理资产规模 8011 亿元，公司数量和基金数量位列全国第二，管理资产规模列全国第三。

近年来，中国基金管理公司的资产管理规模增长速度惊人。在 4 年前，管理规模最大的基金管理公司的资产规模也仅为 537 亿元；而到了 2009 年，全国管理规模最大的基金公司规模已经超过 2000 亿元，多家基金管理公司资产规模超千亿元。而注册地在深圳的博时、南方、鹏华和大成基金管理公司的资产管理规模都已超过千亿元。据统计，截至 2009 年年底，这四家基金管理公司的资产规模已达 4949.56 亿元，全国占比 18.45%。到 2009 年年底，深圳有基金从业人员 2464 人，其中正式员工 2376 人。

2009 年在深圳 16 家基金管理公司中，有中外合资基金管理公司 8 家。深圳基金管理公司所管理的基金和社保组合达 178 只，比上年增加 30 只，增长 20.27%；其中开放式基金 162 只，比上年增加 32 只，增长 24.61%，封闭式基金 16 只。深圳基金管理公司的数量和规模约占全国比重的 26.67%。2009 年深

圳基金管理公司所管理的资产规模达 9242.90 亿元，比上年增加 2260.49 亿元，增长 32.37%，全国占比 34.53%。2009 年深圳基金管理公司所管理的基金总份额为 8071.28 亿份，约占全国市场份额的 32.89%。2009 年深圳基金管理公司的净资产总额达 112.71 亿元（见表 12.1）。深圳基金行业，无论从基金公司数量、管理基金数量和基金份额管理规模等方面看，深圳都在全国基金行业中占据举足轻重的地位。

表 12.1　截至 2009 年年底深圳基金公司概况

	公司数量	基金数量	份额合计（亿份）	资产合计（亿元）
行业整体	60	557	24534.94	26760.80
注册地点在深圳	16	178	8071.28	9242.90
在行业整体占比（%）	26.67	31.96	32.90	34.53
办公地点在深圳	14	152	7060.56	8011.05
在行业整体占比（%）	23.33	27.29	28.78	29.93

资料来源：Wind 资讯、深圳市证券业协会。

为投资者提供高端、个性化的资产管理服务，成为中国资产管理领域的领先者，是深圳基金管理公司所追求的终极目标。多年来深圳基金管理公司坚持"专业、稳健、创新、规范"的经营理念，致力于大力开发适应中国市场环境并满足客户不同需求的个性化产品，实现基金资产的长期稳定增值，与持有人共同分享中国经济的增长。2009 年深圳基金管理公司向基金持有人分红达 141.71 亿元；其中景顺长城基金管理公司、融通基金管理公司和博时基金管理公司 3 家公司向基金持有人的分红累计达到 87.17 亿元，占深圳基金行业分红总量的 61.51%。而博时基金管理公司至 2009 年年底，其资产管理总规模逾 2090 亿元，累计分红超过人民币 436 亿元，成为我国资产管理规模最大的基金管理公司之一。

切实履行和持续强化社会责任，对促进基金管理公司的可持续发展具有不可替代的重要作用。近年来深圳基金管理公司秉持"践行责任"的企业文化，以实际行动不断提升公司的财富伦理形象。2009 年深圳基金管理公司全年慈善捐助额为 7725000 元。

表 12.2　2007—2009 年深圳与全国基金管理公司基金资产份额及总净值情况

项　　目		2007 年	2008 年	2009 年	2009 年比 2008 年增加值	2009 年比 2008 年增长率（%）
基金资产总净值	深圳公司（亿元）	12787.2	6982.41	9242.9	2260.49	32.37
	全国（亿元）	32567.5	19380.68	26760.8	7380.12	38.07
基金资产总份额	深圳公司（亿份）	8624.3	9442.6	8071.28	-1371.32	-14.52
	全　国（亿份）	22032.8	25731.71	24534.94	-1196.77	-4.65

资料来源：Wind 资讯、银河证券研究所、深圳市证券业协会。

　　2009 年深圳基金管理公司管理的基金资产总净值占全国比例为 34.53%，较上年的 36.02% 减少了 1.49 个百分点；而深圳基金管理公司管理的基金总份额在全国占比为 32.89%，较上年的 36.69% 减少了 3.8 个百分点。2009 年深圳基金管理公司管理的资产总净值增幅低于全国 5.7 个百分点，而基金资产总份额的减幅却高于全国 9.87 个百分点。

二、2009 年深圳基金业务经营管理情况

　　2009 年，深圳基金管理公司新发行开放式基金 34 只，比上年增加 15 只，增幅为 78.95%；封转开基金 1 只。基金新募集（包括认购、申购）资金达 1093.53 亿元，比上年增加 663.83 亿元，增幅为 154.49%。

表 12.3　深圳基金管理公司营业收入、利润一览表（2009 年）

序号	单位名称	营业收入（万元）	创造利润（万元）
1	博时基金	189445.00	85888.00
2	南方基金	178420.90	78494.92
3	大成基金	119042.00	44597.00
4	鹏华基金	80062.00	27902.00
5	银华基金	86763.00	28871.00
6	景顺长城	79711.00	33966.00
7	诺安基金	63403.00	32057.00
8	招商基金	50602.24	14053.93
9	融通基金	78621.95	25816.30
10	长城基金	60721.00	24151.00

续表

序号	单位名称	营业收入（万元）	创造利润（万元）
11	长盛基金	56610.97	22971.67
12	国投瑞银	37053.52	10501.15
13	宝盈基金	15896.94	3900.38
14	信达澳银	12657.00	2425.00
15	摩根士丹利华鑫基金	3909.00	-2683.00
16	民生加银	2892.00	-5996.00
	合计	1115811.52	426916.35

资料来源：深圳市证券业协会。

2009 年，深圳 16 家基金管理公司完成营业收入合计 111.58 亿元，创造利润 42.69 亿元，分别比 2008 年减少 17.82 亿元和 12.62 亿元，下降幅度分别为 13.77% 和 22.81%（见表 12.3）。

总体来看，2009 年深圳基金管理公司的经济效益逊色于 2008 年。究其原因，2009 年的"小牛"行情并没有给基金业带来太多的惊喜，据天相统计数据显示，截至 2009 年 12 月 31 日，A 股市场 60 家基金公司管理的资产规模由 2008 年年底的 19380.68 亿元增加到 26760.93 亿元，上涨幅度达到 38.08%。但以管理费为主要收入来源的基金公司，在所管理的资产规模大幅增长的同时为何并没有实现经济效益的相应增加呢？据业内分析，由于 2009 年新基金发行比较密集，造成渠道拥堵，基金管理公司竞争激烈，从而加大了基金公司对渠道的维护力度和投入费用；同时由于行业竞争的激烈，基金管理公司对广告等营销费用以及人员招聘等方面支出也在进一步加大。因此综合来看，在收入并没有显著增加的基础上，支出的增加使得行业利润越来越薄。事实上，在开拓销售渠道、降低成本等方面，深圳基金公司正在积极寻求新的突破口。

三、深圳基金业发展展望

（一）深圳基金业面临的挑战

进一步吸引、留住大型基金公司。从目前四大城市基金公司平均资产管理规模来看，广州 913 亿元，北京 690 亿元，深圳 577 亿元，上海 298 亿元。深圳比北京基金公司数量要多，但总资产规模小于北京，这容易使行业产生落户北京更容易促使基金公司做大做强的误解。因此有必要加大对深圳大型基金公司的扶持优惠力度，提升深圳地区基金公司平均资产管理规模。

吸引新设基金公司。基金行业自1998年至今发展了12年，若划分为上下半场两个6年的话，2003年是个分水岭。从设立公司数量看，上半场深圳和上海平分秋色，截至2003年全国设立基金公司32家，其中深圳和上海各设立12家。而到了下半场，深圳相对其他城市对新基金公司的吸引力有所下降，深圳2004年后新设基金公司2家，北京6家，上海18家。

吸引异地注册基金公司来深圳办公。目前，北京注册基金公司7家，全部在北京办公，同时吸引注册地在深圳（2家），上海、重庆的基金公司共4家，这是否间接说明北京相对其他地区对基金公司具有更强的吸引力。而深圳本地注册的16家基金公司中有两家已经将办公地址搬到北京，深圳本地办公基金公司中还没有来自异地注册的。

创新能力的竞争。2010年1月1日起新基金发行开始实行分类审核制度，这将打开基金产品创新空间，同时也将促进基金行业的重新洗牌。可以预计，2010年基金行业的竞争态势会更加激烈，但同时也迎来了新的发展机遇。此外，在融资融券业务和股指期货正式推出、衍生品市场和量化投资逐步发展的大背景下，2010年中国基金业有望出现一股创新潮。新机遇也对深圳基金业提出了新的挑战，特别是对投资管理能力、风险防范能力、人力资源储备等方面提出了更高的要求。

品牌建设的竞争。随着基金业总规模的不断膨胀，基金数量的不断增加，国内基金业正呈现"马太效应"，即显现出强者恒强、优胜劣汰的发展格局。面对愈发激烈的竞争环境，在业绩经得起考验的同时，只有在品牌上加强相应举措，品牌和业绩紧密"配合"，才能打造核心竞争力。基金业已进入品牌竞争时代，公司品牌形象已成为基金公司核心竞争力的关键所在。此外，保险公司、银行等其他资产管理机构在向全牌照迈进，仅拥有投资管理人单项牌照的基金公司将承受巨大的挤压。同时，为了净化市场环境、健全市场制度，监管机关正不断提高监管要求，提升合规标准。而资产管理行业的人员流动越来越频繁，基金公司将面临更加激烈的人才竞争，寻找和保留优秀人才的难度将不断增加。

（二）加快发展深圳基金业的建议和举措

虽然深圳基金业的发展道路仍面临许多挑战，但是深圳的基金行业也拥有进一步发展的良好机遇。深圳依旧是我国基金行业的重镇，深圳16家基金公司管理的资产规模已超过8000亿元，基金规模、数量均占全国1/3，发展基础良好。在政策支持方面，国务院在 2009 年先后批复了《珠江三角洲地区改革发展规划纲要》和《深圳市综合配套改革总体方案》，提出了深圳建设区域性金融中心和金融改革创新综合试验区的目标，这给深圳基金行业的发展带来新的机遇。深圳市政府也对基金行业的发展给予了大力支持，深圳市政府也一直把基金行业作为全市发展战略的重要内容，不断优化基金业发展环境，强化和促进基金行业在深圳的聚集，力求把深圳建设成为中国的"基金之都"。可以预见，经过深圳基金管理公司的共同努力，未来深圳基金业的发展将大有作为。

一是加大对深圳基金公司的扶持力度。向上海学习，建议给予深圳基金公司税收优惠；同时深圳基金公司还迫切希望深圳市政府及相关管理部门能够在机构与人才引进、行政效率、创新奖励等方面进一步加大对深圳基金业发展的政策扶持力度，营造更为宽松的政策环境。

二是搭建深圳企业互动平台，利用深圳良好的企业资源推动本地基金业的发展。比如招行、深发展的渠道销售本地基金公司产品的给予适当补贴；鼓励平安的资产委托给本地基金公司；鼓励本地的大型实业机构委托本地基金公司做投资管理人等。这方面，北京基金公司享受了较多的地域优势，深圳也可以考虑整合资源进一步推动本地基金业的大发展。

三是产品创新将是基金业快速发展的主旋律。基金公司之间的竞争，很大程度上就是产品创新能力的竞争，也是整个基金行业保持健康发展、基业长青的核心工作。深圳基金公司将在 2010 年利用市场新机遇继续拓展公募基金和专户理财业务的创新空间，"一对多"创新型专户理财业务将是改变现有竞争格局的重要突破口；能够同时涵盖多种具有不同风险收益特征份额的分级基金的该类产品，也将迎来较大发展。由于深圳证券交易所具有较好的产品创新平台，2010 年深圳基金业有望依托地缘优势，在这类产品类型上取得迅速发展。随着融资融券、股指期货的推出，将刺激新基金产品的不断涌现。基金行业在保本产品、绝对收益产品等方面也会寻求到新的创新点。在未来几年，随着基金客户需求的细分，将刺激具有更加明确投资主题和更加明确定义客户群体的新基金的出现。

四是做好投资业绩，通过良好的服务不断吸引新的投资者和留住老投资者，将成为基金营销的重中之重。也就是说，基金营销的好与坏是建立在投资业绩和服务之上的。基金的营销模式，基石即为持有人利益。深圳基金管理公司逐渐将基金的"持续营销"放到日益重要的位置上来，鼓励后端收费模式，引导投资者进行长期投资；增列短期交易的赎回费，抑制短线操作，保护基金持有人的利益。

　　五是规范经营，防止监管套利。基金公司的健康壮大是监管最重要的成果，频繁的违规事件会降低本地区对基金公司的吸引力。为此通过总结 2009 年几起"老鼠仓"事件的教训，深圳基金公司将在 2010 年进一步强化合规管理，保护投资者合法权益。经过积极的努力，深圳基金公司定能塑造成一个"专业精良、治理完善、诚信合规、运作稳健"的现代资产管理企业的形象。

第十三章
深圳期货业

（一）期货公司概况

截至 2009 年 12 月 31 日，深圳辖区共有 13 家期货公司，并在全国设立了 61 家期货营业部。全国期货公司在深圳共设立了 20 家期货营业部。深圳辖区期货公司共有从业人员 1371 人，较 2008 年增加了 31.57%；在深圳辖区期货公司和营业部开户的投资者共 83771 户，较 2008 年增长了 86.39%。

（二）期货公司经营概况

2009 年期货成交规模呈现快速增长的态势，深圳 13 家期货公司全年累计代理量和交易额分别为 2.35 亿手和 13.88 万亿元，较 2008 年同比分别上升了 49.49% 和 61.94%，占全国期货市场份额（21.6 亿手和 130.5 万亿元）的 10.88% 和 10.64%，较 2008 年的 11.66% 和 11.92% 有所下降。截至 2009 年年底，深圳辖区期货公司客户保证金余额为 98.40 亿元，较 2008 年年底的 44.72 亿元增加了 120.05%，占全国期货客户保证金总额的 8.83%，位居全国第四（见表 13.1）。

表 13.1　深圳期货业与国内发达地区期货业主要指标比较表

城市 指标	北京		上海		浙江		深圳	
	数量	占全国比例 （%）	数量	占全国比例 （%）	数量	占全国比例 （%）	数量	占全国比例 （%）
交易金额（万亿元）	15	11.49	18.4	14.40	23.5	18.03	13.88	10.64
年末保证金余额（亿元）	163.30	14.66	169.70	15.24	166.53	14.95	98.40	8.83

资料来源：深圳市期货同业协会。

（三）期货营业部经营概况

2009 年深圳地区的 20 家营业部的代理交易额为 9949.52 亿元，较 2008 年的 4151.14 亿元，上升了 139.68%；手续费收入达到 7449.29 万元，较 2008 年的 4297.28 万元上升了 73.35%；客户保证金余额为 12.70 亿元，较 2008 年年底的 3.18 亿元增长了 299.62%。

二、2009 年深圳期货业务经营绩效概况

截至 2009 年年底，深圳辖区 13 家期货公司的总资产合计 113.47 亿元，较 2008 年年底的 57.00 亿元增长了 99.07%，其中总资产超过 10 亿元的期货公司有中国国际期货公司、金瑞期货公司和五矿实达 3 家，在 5 亿元至 10 亿元的有中证、东银、招商、天琪 4 家公司，小于 2 亿元的有瑞龙期货 1 家公司。

截至 2009 年年底，深圳辖区期货公司的净资产合计 15.07 亿元，比 2008 年年底的 12.28 亿元增长了 22.72%，其中 7 家公司的净资产超过 1 亿元。截至 2009 年年底，13 家期货公司手续费收入为 5.96 亿元，同比增长 75.35%；2009 年，13 家期货公司全部实现赢利，全年净利润为 1.92 亿元，同比增长 64.77%（见表 13.2）。13 家期货公司的净资本及各项风险监控指标全面达标。

表 13.2　深圳地区期货公司概况表（2009 年）

单位名称	注册资本 （万元）	年末净资本 （万元）	全年代理交易量 （万手）	全年代理交易额 （亿元）	年终净利润 （万元）
中国国际	22000	30375	10140.41	58302.09	8294.23
五矿实达	20000	20470	231.61	2112.34	868.00
金瑞期货	10000	15924	3723.99	24052.36	3119.95
中证期货	15000	16224	990.46	6760.52	1189.15

续表

单位名称	注册资本（万元）	年末净资本（万元）	全年代理交易量（万手）	全年代理交易额（亿元）	年终净利润（万元）
中航期货	6500	7120	452.00	2916.92	260.00
招商期货	12000	13297	653.36	4067.56	1439.18
平安期货	12000	10997	214.71	1156.34	268.41
海航东银	7000	7871	4060.67	21730.46	1137.80
神华期货	5000	5435	1486.18	8211.51	1701.45
天琪期货	12000	10823	994.87	5425.19	238.13
金汇期货	8000	8088	302.08	2340.00	352.00
乾坤期货	3000	2049	159.21	896.54	62.34
深圳瑞龙	3000	2019	123.91	831.14	237.32
合　计	135500	150693	23533.00	138803.00	19168.00
2008 年	110500	122792	15742.02	85710.67	11632.90
比 2008 年增长（%）	22.62	22.72	49.49	61.94	64.77

资料来源：深圳市期货同业协会。

三、统计数据图

（一）全国与深圳地区历年期货保证金变化

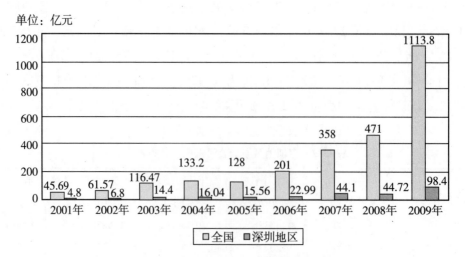

图 13.1　全国与深圳地区历年期货保证金变化

资料来源：深圳市期货同业协会。

（二）深圳期货公司历年净资产与客户保证金变化

单位：亿元

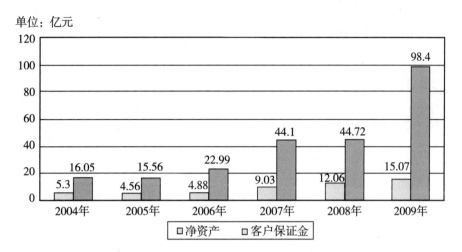

图 13.2 深圳期货公司历年净资产与客户保证金变化

资料来源：深圳市期货同业协会。

（三）深圳地区期货公司历年手续费收入与净利润变化

单位：万元

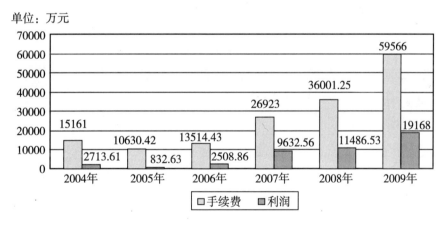

图 13.3 深圳地区期货公司历年手续费与利润变化

资料来源：深圳市期货同业协会。

第十四章
深圳保险业

一、保险机构概况

2009 年新增保险总公司 1 家，中心支公司 1 家，专业保险中介法人机构 10 家。截至 2009 年年底，深圳市场共有各类保险机构 60 家，其中法人机构 12 家、产险分公司 23 家、寿险分公司 15 家、再保分公司 2 家、异地驻深营销服务部及中心支公司 8 家。另有保险专业中介机构 183 家，其中代理 79 家、经纪 33 家、公估 34 家，在深分支机构 37 家（见表 14.1）。

表 14.1 保险机构数量分布一览表

类 别		数量（家）	中资（家）	外资（家）
保险公司	集团公司	2	2	0
	产险总公司	6	5	1
	寿险总公司	4	3	1
	产险分公司	23	21	2
	寿险分公司	15	10	5
	再保分公司	2	2	0
	其他	8	1	7
	总计	60	44	16
保险中介机构	保险代理公司	79		
	保险经纪公司	33		
	保险公估公司	34		
	保险中介分公司	37		
	总计	183		

资料来源：深圳保监局。

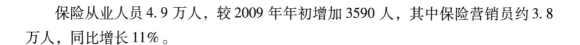

保险从业人员 4.9 万人，较 2009 年年初增加 3590 人，其中保险营销员约 3.8 万人，同比增长 11%。

二、保险业务概况

（一）保费收入

保费总量。全年实现保费收入 271.59 亿元，同比增长 12.78%，增速同比下降 18.31 个百分点，较全国平均水平低 1.05 个百分点。在全国 35 个保险监管辖区中，市场规模居第 17 位，占全国保费总量的 2.44%，份额较上年略有下降；保费增速居全国第 19 位，排名较上年上升 10 位。

保费结构。从各区来看，罗湖区原保费收入 48.24 亿元，同比增长 8.60%，占比 17.76%；福田区原保费收入 142.34 亿元，同比增长 6.61%，占比 52.41%；南山区原保费收入 17.78 亿元，同比增长 28.71%，占比 6.55%；盐田区原保费收入 4.74 亿元，同比增长 22.37%，占比 1.75%；宝安区原保费收入 27.80 亿元，同比增长 31.09%，占比 10.24%；龙岗区原保费收入 27.33 亿元，同比增长 27.68%，占比 10.06%；光明新区原保费收入 3.36 亿元，同比增长 29.58%，占比 1.24%（见表 14.2）。

表 14.2 深圳市各区保险业发展情况表（2009 年）

类型	项目		全市	罗湖	福田	南山
产险公司	保费收入	总量（万元）	1002860.07	218921.49	498180.48	52821.87
		同比（%）	13.81	7.45	11.42	29.41
		占比（%）	100.00	21.83	49.67	5.27
	赔付支出（万元）		562464.12	562464.12	276848.59	52897.40
	机构数	分公司（家）	23	5	18	0
		分公司以下（家）	274	46	71	19
寿险公司	保费收入	总量（万元）	1713084.68	263490.40	925255.87	125018.80
		同比（%）	12.18	9.57	4.19	28.42
		占比（%）	100.00	15.38	54.01	7.30
	赔付支出（万元）		170909.59	170909.59	86763.16	18197.51
	机构数	分公司（家）	15	3	11	1
		分公司以下（家）	181	25	37	25

续表

类型	项目		全市	罗湖	福田	南山
总体	保费收入	总量（万元）	2715944.75	482411.89	1423436.35	177840.67
		同比（%）	12.78	8.60	6.61	28.71
		占比（%）	100.00	17.76	52.41	6.55
	赔付支出（万元）		733373.71	733373.71	363611.75	71094.91
	机构数	分公司（家）	38	8	29	1
		分公司以下（家）	455	71	108	44

类型	项目		盐田	宝安	龙岗	光明新区
产险公司	保费收入	总量（万元）	30935.53	91345.59	100506.95	10173.17
		同比（%）	25.52	23.75	20.16	35.43
		占比（%）	3.08	9.11	10.02	1.01
	赔付支出（万元）		17381.13	41796.75	45322.66	4046.77
	机构数	分公司（家）	0	0	0	0
		分公司以下（家）	10	60	63	5
寿险公司	保费收入	总量（万元）	16462.36	186662.59	172794.71	23399.98
		同比（%）	16.86	35.01	32.50	27.19
		占比（%）	0.96	10.90	10.09	1.37
	赔付支出（万元）		1350.02	18458.41	16568.97	1990.08
	机构数	分公司（家）	0	0	0	0
		分公司以下（家）	3	49	39	3
总体	保费收入	总量（万元）	47397.89	278008.18	273301.66	33573.15
		同比（%）	22.37	31.09	27.68	29.58
		占比（%）	1.75	10.24	10.06	1.24
	赔付支出（万元）		18731.15	60255.16	61891.63	6036.86
	机构数	分公司（家）	0	0	0	0
		分公司以下（家）	13	109	102	8

资料来源：深圳保监局。

从险种类别看，财产险保费收入97.07亿元，占总保费比重为35.74%，同比增长14.41%；寿险保费收入153.65亿元，占总保费比重为56.57%，同比增长15.62%；健康险保费收入13.65亿元，占总保费比重为5.03%，同比下降14.31%；意外险保费收入7.22亿元，占总保费比重为2.66%，同比上升1.06个百分点。

从公司类型看，产险公司保费收入100.29亿元（含意外险和短期健康险保费收入3.22亿元），同比增长13.81%，占总保费收入比重为36.92%，同比上升0.33个百分点；寿险公司保费收入171.31亿元，同比增长12.18%，占总保费收入比重为63.08%，同比下降0.33个百分点。

从中外资公司看，中资保险公司保费收入248.62亿元，同比增长13.87%，市场份额为91.54%，同比上升0.87个百分点；外资保险公司保费收入22.97亿元，同比增长2.19%，市场份额为8.46%，同比下降0.87个百分点。

表14.3 深圳市2009年各险种保费收入情况

单位：万元

指标项目	保险公司		产险公司		寿险公司	
	本年累计	增长（%）	本年累计	增长（%）	本年累计	增长（%）
原保险保费收入	2715944.75	12.78	1002860.07	13.81	1713084.68	12.18
1. 财产险	970684.25	14.41	970684.25	14.41	—	—
机动车辆保险	678358.39	17.13	678358.39	17.13	—	—
2. 人寿保险	1536505.82	15.62	—	—	1536505.82	15.62
3. 健康保险	136538.95	-14.31	6637.08	46.30	129901.87	-16.09
4. 意外伤害保险	72215.73	1.06	25538.74	-9.33	46676.99	7.83

资料来源：深圳保监局。

（二）赔款与给付

2009年，各项赔付支出73.34亿元，同比增长7.94%。其中，财产险赔款支出54.51亿元，同比增长3.88%；寿险给付金额12.34亿元，同比增长19.42%；健康险赔付支出4.09亿元，同比增长60.54%；意外险赔款支出2.39亿元，同比下降7.37%（见表14.4）。

表14.4 深圳市2009年各险种赔款给付支出情况

单位：万元

指标项目	保险公司		产险公司		寿险公司	
	本年累计	增长（%）	本年累计	增长（%）	本年累计	增长（%）
赔付支出	733373.70	7.94	562464.12	3.49	170909.59	25.70
1. 财产险	545135.07	3.88	545135.07	3.88	—	—

续表

指标项目	保险公司		产险公司		寿险公司	
	本年累计	增长（%）	本年累计	增长（%）	本年累计	增长（%）
机动车辆保险	352384.69	−0.32	352384.69	−0.32	—	—
2. 人寿保险	123437.30	19.42	—	—	123437.30	19.42
3. 健康保险	40897.69	60.54	5472.70	15.03	35424.98	70.99
4. 意外伤害保险	23903.65	−7.37	11856.34	−14.84	12047.30	1.37

资料来源：深圳保监局。

（三）费用支出

2009 年，保险公司业务及管理费 27.55 亿元，同比增长 6.77%，手续费及佣金支出 30.06 亿元，同比增长 20.01%。其中，产险公司业务及管理费 15.27 亿元，同比增长 1.01%，手续费支出 14.03 亿元，同比增长 30.36%。寿险公司业务及管理费 12.18 亿元，同比增长 18.53%；手续费支出及佣金支出 16.02 亿元，同比增长 12.21%。

（四）利润

2009 年，保险公司税前利润亏损 13.35 亿元（未经审计的数据，下同），同比下降 0.86%，其中产险公司扭亏为盈，实现利润 2.18 亿元，较上年增加 6.01 亿元。

（五）总资产

2009 年年底，各家保险公司（含再保）资产合计 586.95 亿元，较年初增长 15.12%。其中，财产保险公司资产 108.01 亿元，较年初下降 1.96%；寿险公司资产 452.10 亿元，较年初增长 20.11%。

（六）保费收入运行趋势

受金融危机和实体经济下滑的双重作用，2008 年 8 月份开始，保费增速呈现明显放缓的趋势。2009 年开局即面临严峻形势，随后在银保业务和车险快速增长带动下，3 月增速达到全年最高点。受银行中间业务政策调整影响，增速开始回落，7 月达到全年最低点，之后增速回升，在年底团体大单带动下，全年增速达到 12.78%，高于同期深圳 GDP 增速 2.28 个百分点（见图 14.1）。

总的来看，2009年深圳市保险市场运行基本平稳。车险、个人代理业务的平稳增长，以及分红产品的高速增长，成为稳定市场的根基。但与全国平均水平相比较，深圳市保费增速波动幅度大于全国平均水平，主要原因是深圳经济对外依存度高，受金融危机的冲击较其他地区更为明显，此外企业团体大单的不确定性也造成月度保费增速波动明显。

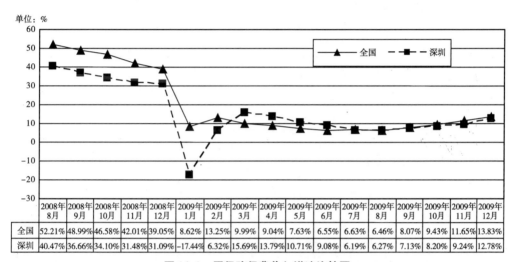

	2008年 8月	2008年 9月	2008年 10月	2008年 11月	2008年 12月	2009年 1月	2009年 2月	2009年 3月	2009年 4月	2009年 5月	2009年 6月	2009年 7月	2009年 8月	2009年 9月	2009年 10月	2009年 11月	2009年 12月
全国	52.21%	48.99%	46.58%	42.01%	39.05%	8.62%	13.25%	9.99%	9.04%	7.63%	6.55%	6.63%	6.46%	8.07%	9.43%	11.65%	13.83%
深圳	40.47%	36.66%	34.10%	31.48%	31.09%	-17.44%	6.32%	15.69%	13.79%	10.71%	9.08%	6.19%	6.27%	7.13%	8.20%	9.24%	12.78%

图14.1 原保险保费收入增速比较图

资料来源：深圳保监局。

三、产险市场

2009年，产险市场稳步增长，经营效益持续向好，数据真实性明显提高。车险业务快速增长，非车险业务波动明显，家财险、信用险、保证保险保持较快增长，工程险、责任险、农业险、意外险出现下滑局面；市场集中度略有上升，中小公司生存困难。

（一）总体趋势

1. 市场规模稳步增长

保费收入100.29亿元，市场规模占全国财产险市场总规模的3.35%，在全国35个监管辖区继续排第十位。同比增长13.81%，增幅较上年同期高2.05个百分点。产险市场业务增长的主要原因是：在国家对车市的政策刺激下，新车销售火暴，受此影响，车险市场保费同比增长17.13%，增幅较上年同期提高8个百分点，对保费增长的贡献率达 82%。

从运行趋势来看，全年业务增长呈现明显的上升趋势，由 2009 年年初的 3.12% 上升到年底的 13.81%。从季度区间看，一、三季度上升较快，二、四季度较为平缓。与全国平均水平比较，一直在全国平均水平线下运行，全年增速低于全国平均水平 8.54 个百分点。主要原因是新车增幅低于全国平均水平，非车险增长后劲不足（见图 14.2）。

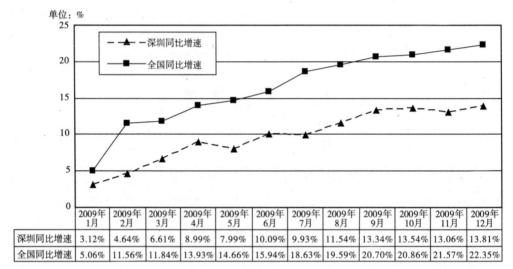

图 14.2　产险市场运行趋势图

资料来源：深圳保监局。

2. 承保利润扭亏为盈

全市实现承保利润 1.52 亿元，同比增长 150.64%，扭转了连续几年的亏损局面。承保利润率 2.05%，同比提高 6.6 个百分点，较全国平均水平高 6.5 个百分点。

从险种看，车险、家财险、责任险、信用险、保证保险、货运险、特殊风险、意外险等 8 个险种实现赢利。其中，车险实现承保利润 1.59 亿元，同比增长 173.51%，对承保利润增长贡献率达 83%；企财险较上年减亏 2.16 亿元，对承保利润增长贡献率达 48%，成为产险市场实现赢利的最大两个因素。

从公司看，13 家公司实现赢利，较上年增加 3 家。其中，平安、太保、人保三家合计贡献利润 2.47 亿元。对承保利润贡献最大的前 5 家公司分别是平安、出口信用、人保、三星、太保。

赔款支出 56.25 亿元，同比增长 3.49%，低于保费收入增幅 10.32 个百分点。

3. 市场秩序逐步好转

市场手续费率 13.99%，同比提高 1.8 个百分点，较全国水平高 4.1 个百分点，数据真实性进一步提高。业务及管理费用率 20.66%，同比下降 2.5 个百分点，较全国水平低 2.7 个百分点，"贴费"等无序竞争行为得到有效遏制。应收保费率 5.49%，同比下降 3.7 个百分点，其中车险应收保费率 0.35%，同比下降 3.1 个百分点。产险综合赔付率 58.15%，同比下降 8.5 个百分点，较全国水平低 8.1 个百分点，公司内控明显增强（见表 14.5）。

表 14.5　深圳产险市场 2009 年主要监管指标情况

年份	应收保费率	综合赔付率	业务及管理费用率	手续费率
2009	5.49%	58.15%	20.66%	13.99%
2008	9.19%	66.65%	23.16%	12.22%
全国 2009	3.08%	66.29%	23.37%	9.86%

资料来源：深圳保监局。

（二）业务结构

2009 年，非车险业务占比 32.36%，较上年同期下降 1.9 个百分点。与全国平均水平相比，深圳非车险业务占比仍高于全国平均水平 4.4 个百分点，但低于北京 2.5 个百分点，低于上海 11.2 个百分点（见表 14.6）。

表 14.6　财产险公司主要险种占产险总保费情况

	深圳	北京	上海	全国
1. 机动车辆保险	67.64%	65.16%	56.49%	72.02%
2. 企业财产保险	9.91%	10.62%	11.12%	7.40%
3. 信用保险	5.15%	6.14%	4.12%	2.35%
4. 责任保险	3.39%	3.66%	6.81%	3.08%
5. 工程保险	3.10%	3.39%	3.83%	1.73%
6. 特殊风险保险	3.03%	2.12%	1.35%	0.79%
7. 货运险	3.01%	4.25%	5.66%	2.05%
8. 意外伤害保险	2.55%	1.40%	2.58%	2.47%
9. 船舶保险	1.33%	0.28%	4.88%	1.40%
10. 健康险	0.66%	0.83%	1.88%	1.44%
11. 家庭财产保险	0.11%	0.07%	0.14%	0.50%

续表

	深圳	北京	上海	全国
12. 保证保险	0.05%	−0.05%	−0.30%	0.27%
13. 农业保险	0.02%	2.01%	1.35%	4.47%

资料来源：深圳保监局。

（三）主要险种发展情况

1. 车险业务快速增长

全年共承保机动车辆 219.94 万辆（含交强险），较上年同期增加 22.59 万辆，同比增长 11.44%。实现保费收入 67.84 亿元，对产险市场总保费收入增长贡献率为 81.53%，较上年同期提高 31.6 个百分点。保费收入同比增长 17.13%，增速较上年同期提高 8.0 个百分点。承保利润 1.59 亿元，同比增长 173.51%，承保利润率 2.05%（见图 14.3）。

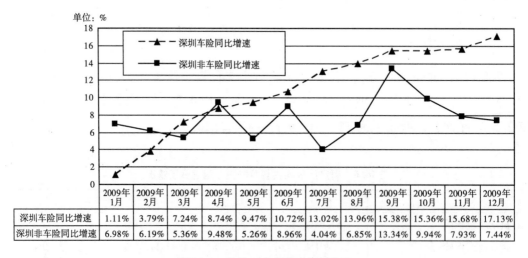

	2009年1月	2009年2月	2009年3月	2009年4月	2009年5月	2009年6月	2009年7月	2009年8月	2009年9月	2009年10月	2009年11月	2009年12月
深圳车险同比增速	1.11%	3.79%	7.24%	8.74%	9.47%	10.72%	13.02%	13.96%	15.38%	15.36%	15.68%	17.13%
深圳非车险同比增速	6.98%	6.19%	5.36%	9.48%	5.26%	8.96%	4.04%	6.85%	13.34%	9.94%	7.93%	7.44%

图 14.3　车险、非车险运行趋势图

资料来源：深圳保监局。

全年交强险共承保车辆 130.61 万辆，同比增长 16.88%。保费收入 13.61 亿元，同比增长 9.10%。承担风险责任限额 1581.33 亿元，已决赔付件数 38.83 万件，未决赔付件数 13.26 万件，事故率 39.91%。已决赔款 7.56 亿元，其中死亡伤残 2.73 亿元，占比 36.1%；医疗费用 0.86 亿元，占比 11.4%；财产损失 3.97 亿元，占比 52.5%。交强险的承保利润 2667.80 万元，同比下降 70.69%，承保利润率 1.82%。

2. 家财险、信用险、保证保险、健康险等改善民生的险种保持较快增长

2009 年，全市非车险业务实现保费 32.45 亿元，同比增长 7.44%，低于全国水平 5.1 个百分点。与国计民生相关的险种保持了较快增长。家财险实现保费 1135.04 万元，同比增长 167.64%，占产险市场比重同比增加 0.07 个百分点，承保利润 1650.24 万元。信用险实现保费 5.17 亿元，同比增长 103.79%，占比同比增加 2.27 个百分点，承保利润 5004.93 万元。保证保险实现保费 515.27 万元，同比增长 552.44%，占比同比增加 0.04 个百分点，承保利润 610.52 万元。健康险实现保费 6637.08 万元，同比增长 46.30%，占比同比增加 0.66 个百分点，承保利润 -2236.91 万元（见图 14.4）。

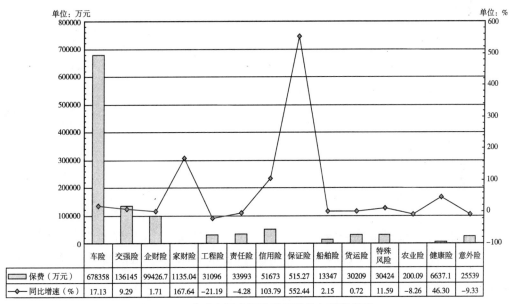

	车险	交强险	企财险	家财险	工程险	责任险	信用险	保证险	船舶险	货运险	特殊风险	农业险	健康险	意外险
保费（万元）	678358	136145	99426.7	1135.04	31096	33993	51673	515.27	13347	30209	30424	200.09	6637.1	25539
同比增速（%）	17.13	9.29	1.71	167.64	-21.19	-4.28	103.79	552.44	2.15	0.72	11.59	-8.26	46.30	-9.33

图 14.4　产险市场主要险种保费收入及增长率

资料来源：深圳保监局。

3. 企财险、船舶险、特殊风险保持平稳增长，货运险基本持平，工程险、责任险业务下滑

2009 年，企财险、船舶险和特殊风险分别实现保费收入 9.94 亿元、1.33 亿元和 3.04 亿元，同比分别增长 1.71%、2.15% 和 11.59%。货运险实现保费收入 3.02 亿元，与上年基本持平，同比仅增长 0.72%。受不可续保项目和政策因素等多方面影响，工程险、责任险业务下滑，分别实现保费收入 3.11 亿元、3.40 亿元，同比分别下降 21.19%、4.28%，占比同比分别减少 1.38、0.64 个百分点。

（四）公司发展情况

1. 市场集中度有所上升

在深圳，产险市场规模前五位公司的市场份额从上年同期的 72.2% 上升为 74.8%。老三家的市场份额则从上年同期的 64.7% 上升为 67.2%，市场份额更为集中，其中人保、太保市场份额分别下降 0.97、2.18 个百分点，而平安市场份额上升 5.64 个百分点，超过太保，列居第二（见表 14.7）。

表 14.7 三大产险公司市场份额情况表

公司名称	深圳		北京		上海		全国	
	份额	份额变化	份额	份额变化	份额	份额变化	份额	份额变化
人保	25.24%	-0.97%	34.77%	0.14%	25.11%	-2.60%	39.92%	-1.64%
太保	19.09%	-2.18%	13.15%	0.07%	17.68%	0.48%	11.44%	0.07%
平安	22.84%	5.64%	15.29%	1.06%	16.62%	4.54%	12.86%	1.92%
合计	67.17%	2.49%	63.21%	1.27%	59.41%	2.42%	64.22%	0.35%

资料来源：深圳保监局。

2. 公司出现不同程度分化，中小公司生存困难

市场份额前五名的公司中，平安同比增长 51.17%，国寿财产同比增长 35.10%，保持了较快增长态势，而一些中小公司业务大幅下滑，如安邦同比下降 71.58%，渤海同比下降 75.73%。经历金融危机和市场竞争的洗礼，公司分化程度进一步加深。

四、寿险市场

2009 年，寿险市场结构调整效果明显，业务质量进一步提高，分红险产品保持高速增长，个人代理渠道成为稳定寿险市场发展的根基。

（一）总体趋势

克服金融危机和结构调整的双重影响，业务呈现恢复性增长。全年实现保费收入 171.31 亿元，市场规模占全国寿险市场总规模的 2.10%，较上年上升 0.02 个百分点。在全国 35 个监管辖区中排第 19 位。同比增长 12.18%，增速列全国第 18 位，比全国平均增速高 1.2 个百分点。

从运行趋势来看，寿险市场呈现"S"形走势。2009年年初受金融危机影响，企业7亿元团体大单未如期续保，致使1月出现 –27.68% 的大幅负增长。随后，在银保业务拉动下高速增长，3月增速达到20.46%。一季度大部分公司完成全年银保业务任务，加之调整产品结构，压缩趸交，开发期交产品，4月份保费增速开始下降，8月达到最低点3.45%。在个人代理业务高速增长的带动下，寿险市场增速开始出现恢复性增长，而年底9亿元团体大单直接将增速拉到12.18%，超过全国平均水平（见图14.5）。

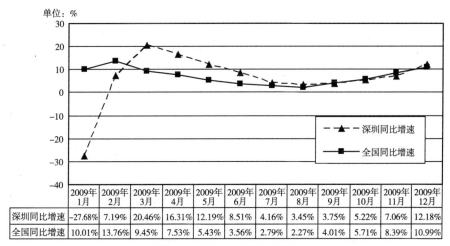

单位：%

	2009年1月	2009年2月	2009年3月	2009年4月	2009年5月	2009年6月	2009年7月	2009年8月	2009年9月	2009年10月	2009年11月	2009年12月
深圳同比增速	-27.68%	7.19%	20.46%	16.31%	12.19%	8.51%	4.16%	3.45%	3.75%	5.22%	7.06%	12.18%
全国同比增速	10.01%	13.76%	9.45%	7.53%	5.43%	3.56%	2.79%	2.27%	4.01%	5.71%	8.39%	10.99%

图14.5　寿险市场运行趋势图

资料来源：深圳保监局。

赔款与给付支出17.09亿元，同比增长25.70%。其中，赔款支出3.19亿元，同比增长20.28%；满期给付8.38亿元，同比增长14.48%；年金给付3.49亿元，同比增长52.24%；死伤医疗给付2.02亿元，同比增长52.65%。

寿险退保率3.25%，同比下降0.4个百分点，较全国水平低0.3个百分点，市场整体风险可控。

（二）业务发展情况

1. 寿险业务保持快速增长，健康险业务下滑

2009年，寿险业务实现保费收入153.65亿元，同比增长15.62%，较上年同期下降32.2个百分点，高于全国平均水平3.6个百分点。健康险业务实现保费收入12.99亿元，同比下降16.09%，较上年同期下降55.9个百分点，低于全国水平12.8个百分点。意外险业务保持平稳增长，实现保费收入4.67亿元，同比增长

7.83%，较上年同期下降 3.5 个百分点，低于全国水平 11.5 个百分点。

2. 分红险高速增长，投连万能双双负增长

分红险实现保费收入 81.66 亿元，同比增长 54.14%，较上年同期下降 18.6 个百分点，高于全国平均水平 14.8 个百分点。投连险实现保费收入 12.24 亿元，同比下降 24.24%，较上年同期上升 11.1 个百分点，高于全国平均水平 41.0 个百分点。万能险实现保费收入 40.90 亿元，同比下降 10.18%，较上年同期下降 195.0 个百分点，高于全国平均水平 17.1 个百分点。传统险实现保费收入 18.85 亿元，同比增长 3.42%，较上年同期上升 3.7 个百分点，高于全国平均水平 5.7 个百分点（见图 14.6）。

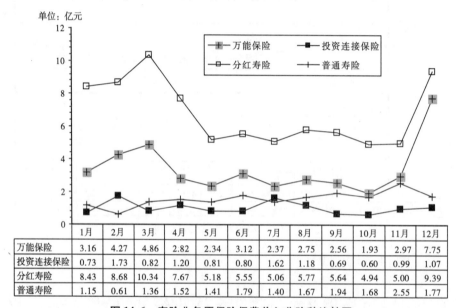

单位：亿元

	1月	2月	3月	4月	5月	6月	7月	8月	9月	10月	11月	12月
万能保险	3.16	4.27	4.86	2.82	2.34	3.12	2.37	2.75	2.56	1.93	2.97	7.75
投资连接保险	0.73	1.73	0.82	1.20	0.81	0.80	1.62	1.18	0.69	0.60	0.99	1.07
分红寿险	8.43	8.68	10.34	7.67	5.18	5.55	5.06	5.77	5.64	4.94	5.00	9.39
普通寿险	1.15	0.61	1.36	1.52	1.41	1.79	1.40	1.67	1.94	1.68	2.55	1.77

图 14.6 寿险业务原保险保费收入分险种比较图

资料来源：深圳保监局。

3. 个人代理快速增长，公司直销、银邮代理平稳发展

个人代理实现保费收入 91.46 亿元，同比增长 17.48%，高于全国平均水平 1.7 个百分点。公司直销实现保费收入 14.79 亿元，同比增长 3.40%，高于全国平均水平 11.2 个百分点。银邮代理实现保费收入 61.39 亿元，同比增长 4.68%，低于全国平均水平 3.6 个百分点（见图 14.7）。

4. 新单保费实现稳定增长

2009 年，寿险业务新单保费收入 94.11 亿元，同比增长 9.68%，高于全国平均水平 4.4 个百分点。新单期交保费收入 32.74 亿元，同比增长 12.25%，低于全国平均水平 19.0 个百分点。

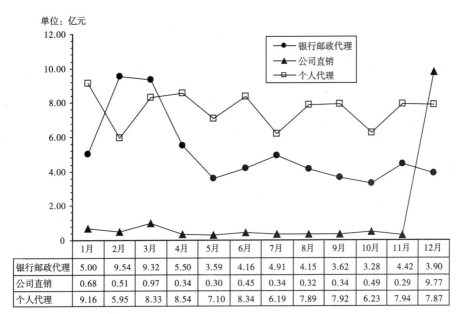

单位：亿元

	1月	2月	3月	4月	5月	6月	7月	8月	9月	10月	11月	12月
银行邮政代理	5.00	9.54	9.32	5.50	3.59	4.16	4.91	4.15	3.62	3.28	4.42	3.90
公司直销	0.68	0.51	0.97	0.34	0.30	0.45	0.34	0.32	0.34	0.49	0.29	9.77
个人代理	9.16	5.95	8.33	8.54	7.10	8.34	6.19	7.89	7.92	6.23	7.94	7.87

图 14.7　分渠道原保险保费收入比较图

资料来源：深圳保监局。

（三）业务结构情况

1. 大力发展保障型产品

2009 年，保障功能较强的普通型产品和分红型产品占比为66.41%，较上年同期提高12.8 个百分点。尤其是分红型产品占比53.14%，较上年同期提高13.3 个百分点（见表14.8）。

表 14.8　寿险业务保费收入占比情况表（按产品）

	深圳	北京	上海	全国
普通寿险	12.27%	7.09%	10.62%	12.89%
分红寿险	53.14%	65.03%	65.79%	70.97%
投连保险	7.97%	4.68%	7.32%	1.98%
万能寿险	26.62%	23.20%	16.27%	14.15%

资料来源：深圳保监局。

2. 业务发展可持续能力不断增强

新单期交占比33.41%，较上年同期提高2.8 个百分点，较全国平均水平高8.3 个百分点（见表14.9）。寿险业务新单期交占比34.79%，较上年同期提高0.8

个百分点，较全国水平高 8.9 个百分点。新单期交中 5 年期及以上占比达 91%，较上年同期提高 4.2 个百分点；银保业务新单期交率为 9.31%，较上年同期提高 3.4 个百分点。

表 14.9　期交结构情况表

	深圳	北京	上海	全国
标准保费增长率	11.96%	15.48%	14.81%	19.54%
新单期交占比	33.41%	20.13%	16.74%	25.16%
十年期及以上期交占比	69.27%	49.23%	47.10%	56.59%

资料来源：深圳保监局。

3. 个人代理业务占比提高，银邮业务占比下降

个人代理业务占比 53.39%，较上年同期提高 2.4 个百分点，较全国平均水平高 9.6 个百分点，仍保持最大销售渠道。银邮代理业务占比 35.83%，较上年同期下降 2.6 个百分点，较全国平均水平低 11.9 个百分点。公司直销业务占比 8.63%，较上年同期下降 0.7 个百分点，较全国平均水平高 2.0 个百分点。其他销售渠道仅占 2.15%（见表 14.10）。

表 14.10　寿险市场各销售渠道占比情况表

	深圳	北京	上海	全国
公司直销业务	8.63%	9.97%	18.31%	6.62%
个人代理业务	53.39%	32.86%	34.79%	43.83%
银行邮政代理	35.83%	52.69%	43.91%	47.71%
其他渠道	2.15%	4.48%	2.96%	1.84%

资料来源：深圳保监局。

（四）公司发展情况

平安人寿超过中国人寿，跃居寿险市场份额榜首，市场份额为 31.57%，较上年同期上升 3.9 个百分点。中国人寿市场份额 24.28%，排名第二，份额较上年同期下降 3.8 个百分点。泰康人寿市场份额 11.49%，占据市场第三；太保寿市场份额 9.55%，排名第四。友邦市场份额 5.16%，排名第五。排名前三的公司市场份额合计 67.34%，较上年同期上升 0.35 个百分点。公司保费增速呈现一定程度分化。平安人寿仍保持了高速增长势头，同比增长 28.04%。泰康、太保寿分别同比

增长 14.40% 、9.79% 。而中国人寿同比下降 2.92% 。中小公司增速差距更为明显。生命人寿、幸福人寿、中意人寿同比增速分别达 200.12% 、171.98% 、82.95% ，而人保健康、招商信诺同比分别下降 78.60% 、58.06% （见表 14.11）。

表 14.11 三大寿险公司经营情况比较表

单位：亿元

	深圳			北京			上海			全国		
	保费	同比	占比	保费	同比	占比	保费	同比	占比	保费	同比	占比
国寿	37.43	-2.56%	21.85%	77.68	13.04%	14.67%	88.58	16.68%	17.50%	2950.41	-0.19%	36.23%
国寿存续	4.16	-6.06%	2.43%	2.85	-5.80%	0.54%	7.72	-11.46%	1.52%	151.25	-13.60%	1.86%
太保寿	16.36	9.79%	9.55%	32.24	-5.30%	6.09%	36.69	12.92%	7.25%	675.76	2.24%	8.30%
平安寿	54.08	28.04%	31.57%	115.69	30.99%	21.85%	119.06	29.88%	23.52%	1322.98	30.76%	16.24%
合计	—	—	65.4%	—	—	43.15%	—	—	49.79%	—	—	62.63%

资料来源：深圳保监局。

五、中介市场

（一）市场主体情况

截至 2009 年年底，深圳共有保险专业中介法人机构 146 家，其中代理 79 家、经纪 33 家、公估 34 家，较年初减少 2 家；共有专业保险中介分支机构 37 家，中介机构总数为 183 家。另有保险兼业代理机构 1639 家，其中，银行类兼业代理机构 1032 家、邮政类 121 家、航空类 49 家、车商类 232 家、其他（咨询公司、修理厂等）保险兼业代理机构 205 家。

（二）业务发展情况

2009 年通过保险中介渠道累计实现保费收入 216.22 亿元，同比增长 20.25% ，占深圳全部保费收入的 79.61% ，保险中介仍为保险产品销售的主要渠道。其中，通过营销员实现保费收入 96.24 亿元，同比增长 12.34% ；通过兼业代理机构实现保费收入 100.48 亿元，同比增长 32.66% ；通过保险专业中介机构实现保费收入 19.49 亿元，同比增长 5.92% （其中，保险专业代理机构实现保费收入 9.38 亿元，同比增长 3.76% ；保险经纪机构实现保费收入 10.11 亿元，同比增长 8.01% ）（见图 14.8）。

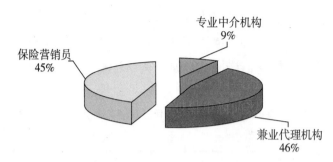

图14.8　深圳地区保险中介渠道实现保费占比情况

资料来源：深圳保监局。

（三）经营情况

营业收入稳步增长。全年深圳专业代理、经纪和公估机构合计实现营业收入约8.02亿元，同比增长8.82%。其中，保险代理机构实现代理手续费收入1.55亿元，同比增加17.42%；保险经纪机构实现营业收入1.76亿元，同比上升24.82%；保险公估机构实现营业收入4.72亿元，同比增加1.72%。在全国保险中介机构三类业务收入前20名中，深圳保险公估公司有8家，深圳保险经纪公司、保险代理公司各1家。深圳保险公估费收入占到全国总量的41.7%。

营业利润大幅提高。全年深圳保险专业中介机构整体实现赢利7835.16万元，同比增长136.04%。其中，保险专业代理机构亏损877.71万元，保险经纪机构和保险公估机构则分别实现利润5708.69万元和3004.18万元，同比分别增长83.94%和312.04%。

六、保险公司管理的企业年金概况

深圳保险市场开展企业年金业务的主要有平安养老深圳分公司、太平养老保险深圳业务总部及中国人寿养老保险深圳市中心等三家机构。截至2009年年底，平安养老深圳分公司受托累计管理的企业年金资产达到46亿，投资管理资产达到45亿，较2008年均实现大幅提升。该公司还承担了深圳社保及蛇口社保管理工作，项目均运营良好。中国人寿养老保险深圳市中心完成企业年金受托业务4226万元，账管业务916户，投管业务3.9亿元。2009年承担了中国广东核电集团的投资管理人项目，以及深圳口岸管理有限公司、深圳会展中心企业年金受托人项目，规模分别达12亿元、800万元和300万元。同时该中心大力加强代理人渠道建设和银行中介渠道建设，利用代理人的资源优势和银行网点的网络优势，大力推进集合计划。太平养老深圳业务总部管理企业年金基金合计 2.85 亿元，2009 年新增缴费 1.6 亿元，已签约年金客户 22 家，其中单一计划 4 家，分别为天虹商场有限公司、中国南山开发（集团）股份有限公司、招商局集团有限公司、中国建银投资证券有限责任公司，集合计划 18 家。

七、深圳保险业发展展望

（一）从宏观环境来看，深圳保险业的发展既有机遇也有挑战

从总体上看，2010 年的宏观经济形势要好于 2009 年。在世界经济开始复苏的背景下，中国经济呈现企稳回升势头。深圳的经济发展也在逐步回暖，企业、居民的投保意愿逐渐上升。这些都给深圳保险业发展提供了良好的外部环境。

但国内经济回升的内在动力仍然不足，结构性矛盾仍很突出，世界发展不平衡、贸易保护主义抬头、应对气候变化等全球性问题对我国的外向型经济提出了重大挑战，这对经济外向度较高的深圳尤其形成了巨大压力。这些矛盾和问题交织在一起，给深圳保险业发展带来了很大的不确定性。

（二）从政策环境来看，深圳保险业发展面临重大机遇

一是中国保监会和深圳市委、市政府对深圳保险业建设寄予了重托和厚望。作为全国首个保险创新发展试验区，中国保监会和深圳市委、市政府始终高度重视深圳保险业的建设和发展。2009 年 9 月 14 日，双方最高领导举行会谈，进一步明确了加快推进深圳保险创新发展试验区的共同愿望，要求深圳保险业要紧紧围绕服务大局，努力构建适应深圳城市特征和经济社会发展需要的经济风险防范网、民生改善服务网和社会安全保障网。2010 年 3 月 28 日，中国保监会和深圳市政府签署了《中国保险监督管理委员会、深圳市政府关于深圳保险创新发展试验区建设的合作备忘录》，双方将更加紧密合作，进一步加强对深圳保险业改革创新工作的组织领导和统筹规划，完善相关配套政策，加强协作配合，使深圳保险业成为中国保监会和地方政府合作的示范区、商业保险全方位服务经济社会发展的试验区和全国保险业改革创新的先行区。

二是深圳市委四届十三次全会提出建设"民生幸福城市"为深圳保险业发展提供了更加广阔的空间。围绕"民生幸福城市"建设，深圳保险业可以在城市安

全、医疗卫生、交通服务、社会保障等多个方面积极发挥作用。在建设"民生幸福城市"的进程中，深圳保险业将大有作为，发展的空间更加宽广。

（三）从行业政策来看，转变发展方式的任务较为繁重

按照中央经济工作会议的要求，中国保监会明确提出，转变发展方式是保险业 2010 年面临的重要战略任务。2010 年深圳保险业要把思想统一到中央、保监会和深圳市委、市政府的要求上来，更加注重转变发展方式，更加注重服务经济社会大局，更加注重加强监管、防范风险，更加注重保护被保险人的利益，促进保险业健康发展。

第十五章
深圳创业投资业

一、2009 年深圳创业投资现状

深圳地区是全国本土创投最活跃的地区，本土创投机构数量最多，管理本土创投资本总额最多，投资项目回报率高，在创业板上市项目最多，是全国创业氛围最好的地区。深圳创投行业参与调查的 45 家机构累计投资高新技术企业 604 个，为深圳市创立自主创新型城市做出了巨大贡献。

2009 年度创投公会新发展会员 10 家，其中专业创投机构 9 家，创投管理机构 1 家。

2010 年年初，深圳市创业投资同业公会就 2009 年深圳地区创业投资行业发展情况，对旗下 60 家正在运行的投资机构发放了调查问卷，收回 45 份调查问卷，并有针对性地登门拜访了一些业务形态典型的投资机构。这 45 家机构的调查数据统计表明：

2009 年机构管理资本总额为 364.68 亿元，新募集和管理资本 97.42 亿元，其中部分创投基金虽注册设立在天津、北京、江苏、安徽、云南等地，但其投资决策管理总部仍在深圳，深圳已成为中国本土创投基金总部经济的重要聚集地；2009 年机构共考察评估项目 2862 个，其中投资项目 297 个，投资金额 391093.25 万元，平均每个项目投资 1316.81 万元。83.47% 的投资项目所占股权比例低于 20%，不控股也不合并报表，较上年上升 3.47%，投资比例超过 20% 的项目甚至于控股的项目数量较上年有所下降，但仍然集中在种子期项目。

2009 年投资项目涵盖通信、IT、资源开发、新材料、网络、化工、新能源、高效节能环保技术、农业养殖、农产品加工、农业机械、生物科技、连锁商业、光机电一体化、精密仪器、医药保健、广告媒体、中介服务业、专用设备制造、软件、计算机硬件、科技服务业、技术外包服务、媒体与娱乐、清洁能源、半导体、数字电视、金融服务业、LED 显示技术、物流等三十多个细分行业的龙头企业。

投资地域分布在国内的广东、北京、上海、江苏、山东、浙江、陕西、湖北、辽宁、福建、安徽、云南、贵州、黑龙江、西藏、新疆、重庆等省、自治区、直辖市，在美国、以色列等国亦有投资项目。

投资阶段分布于种子期、成长扩张期、成熟期（PRE – IPO）企业发展的各个阶段。

2009 年退出项目 64 个，仅有 4 个项目投资持股比例超过 20%。退出项目中不包含已经 IPO 但并未真正实现资本增值退出的项目。2009 年深圳创投机构投资项目 IPO 情况良好，在中小板 IPO 项目 7 个，创业板 2009 年上市的 36 个项目中有 12 个项目有深圳创投背景，占 33.33%，另招商局科技投资的利华国际在 NASDAQ 上市，深圳创新投投资的匹克体育在香港主板上市，投资的网讯技术在法兰克福证券交易所上市。

二、2009 年深圳创业投资业务特征

（一）资金募集管理特征

1. 退出渠道畅通使得本土募资活跃

参与调查的 45 家深圳创业投资机构 2009 年管理资本总额为 364.68 亿元，新募集和管理资本 97.42 亿元。管理资本总额的来源分布如图 15.1 所示。

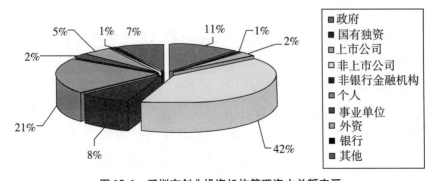

图 15.1　深圳市创业投资机构管理资本总额来源

资料来源：深圳市创业投资同业公会。

　　数据显示，虽然2009年上半年金融危机的影响仍然持续，资金募集情况并不乐观，但是随着A股IPO重启和创业板正式开启，创业投资的退出通道变得畅通，机构投资项目的IPO价格使得财富效应凸显，使得民间资本开始大举流向创业投资市场，加之国家各类引导基金、社保基金、券商资金等资金来源渠道增加，充分解决了创业投资机构的资金来源问题。目前具有投资经验和良好业绩的机构管理团队在2009年度资金募集方面取得不俗成绩，如达晨创投就在2009年募集管理8个基金，募集资金总规模达到30亿元。中国的LP市场也在2009年逐渐趋于成熟。但是目前LP的投资心态尚未成熟，对投资GP的资本要求时间短，而且对投资于创投的收益预期要求也很高，对于投资失败更加不能接受，这样导致GP争抢成熟期项目明显。

　　深圳创投机构2009年募集管理资本大幅增加，其中过往投资业绩好、品牌好的机构募集资本量大。

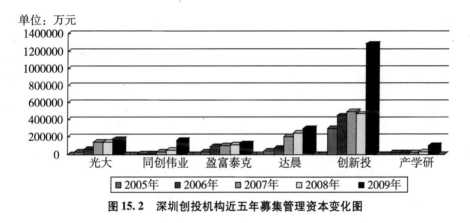

图15.2　深圳创投机构近五年募集管理资本变化图

　　资料来源：深圳市创业投资同业公会。

　　2. 政府引导基金初见成效，相关奖励政策已在落实中

　　2009年除各省市地方政府积极开展创业投资政府引导基金工作外，中央各部委的引导基金也吸引了深圳创投机构去争取管理。目前参与调研的45家机构管理政府引导基金超过35只，管理政府引导基金规模超过45亿元。政府引导基金已经起到吸引社会资本投资我国高成长、高技术项目的作用。以达晨管理发改委的引导基金为例：发改委引导基金出资3000万元，吸引社会资金9000万元，资金放大能力为3倍。这使得更多的社会资金将流向政府引导的为我国产业升级换代、调整产业机构的领域中去。社会资源配置更加合理。

　　3. 各种资金雄厚的非银行金融机构资本涌入创投行业

　　目前社保基金已经决定要扩大创投投资规模，已经对3家投资机构做尽职调查，包括深圳市中科招商创业投资管理有限公司、深圳市创新投资集团以及 IDG。其中两家都是深圳市创业投资同业公会的会长及副会长单位。除了战略上的考量，吸引社保基金作为 LP 将对机构的知名度信誉度以及在金融领域的人脉有强大的提升作用。因为社保基金是目前国内少有的具有投资前调查能力的投资机构，而且对 GP 的要求非常高，能够管理社保基金，是对投资机构业绩和形象的肯定。

而目前已经有 27 家证券公司开始涉足直接投资并设立了直投机构，依照深圳国信证券设立的深圳市国信弘盛的情况，注册资本在 10 亿元，资金实力相当雄厚，并且作为大型的证券公司的全资子公司，资金来源并不是问题。

4. 机构谋求募集管理境外资本

目前深圳创投机构中 30% 开始谋求募集管理境外的创投资本。由于外资投资项目所有变更都必须报商务部，并且股权变更成本高，时间长，手续繁冗，所以项目并不是很愿意接受外资进入。不过商务部称将就创投管理外资资本投资本土项目的相关法规进行专项调查后进行调整。

（二）项目投资特征

2009 年机构共考察评估项目 2862 个，其中投资项目 279 个，投资金额 391093.25 万元，平均每个项目投资 1316.81 万元。较 2008 年投资项目数量大幅增加 131 个，增幅达到 78.92%，但是单个项目平均投资额较上年减少 850.49 万元。表明投资机构投资的前期项目数量增加，并且对项目的投资比例下降。

1. 投资项目行业分布特征

2009 年投资项目涵盖通信、IT、资源开发、新材料、网络、化工、新能源、高效节能环保技术、农业养殖、农产品加工、农业机械、生物科技、连锁商业、光机电一体化、精密仪器、医药保健、广告媒体、中介服务业、专用设备制造、软件、计算机硬件、科技服务业、技术外包服务、媒体与娱乐、清洁能源、半导体、数字电视、金融服务业、LED 显示技术、物流等三十多个细分行业的龙头企业。

2009 年投资的项目中，IT 行业投资项目数量最多，占 12.38%；新能源仍然备受关注，投资项目数量其次，占 11.39%。从整个项目的行业分布上看，除了 IT 行业、新能源、新材料等热点投资行业以外，其他项目的行业分布相对均衡，如消费产品与服务业、环保与节能产品、生物科技、光机电一体化、农业等行业分布基本相等，表明创投基金已经开始在很多不同的领域加大投资力度和深度，专业程度在不断提高（见图 15.3）。

2. 投资项目地域分布特征

2009 年投资项目分布于深圳、广东其他地区、湖北、上海、北京、南宁、湖

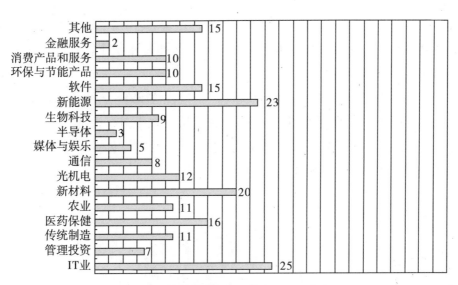

图15.3　投资项目行业分布（2009 年）

资料来源：深圳市创业投资同业公会。

南、新疆、四川、江苏、浙江、天津、河南、云南、山东、福建、陕西、江西、
河北等地区（见图15.4）。

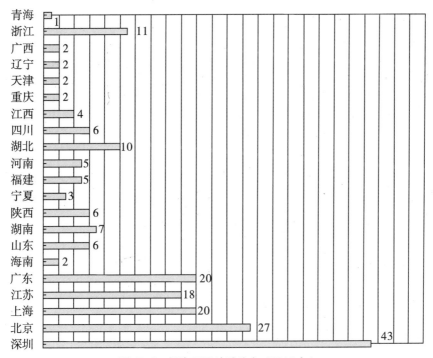

图15.4　投资项目地域分布（2009 年）

资料来源：深圳市创业投资同业公会。

其中投资于深圳的项目最多，达到 43 个，占 21.29%。总体上投资项目还是集中在长三角和珠三角以及京、津、沪等经济发达和商业秩序较好的地区。

3. 投资项目阶段分布特征

2009 年投资项目最集中于项目的成长扩张期，占 39%，种子期项目占 17%，起步期项目占 24%，成熟期项目占 20%。除成长扩张期外，其他三个阶段的项目分布相对平均，这表明深圳创业投资市场已经趋于成熟，创业企业生命周期的各个阶段皆有创业投资资本愿意支持（见图 15.5）。

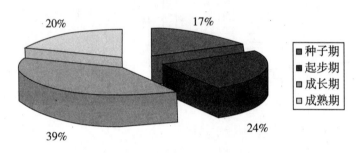

图 15.5　投资项目阶段分布（2009 年）

资料来源：深圳市创业投资同业公会。

（三）项目退出特征

2009 年退出项目 64 个，仅有 4 个项目为投资持股比例超过 20%。其中 24 个项目是由股东回购完成的，占 37.5%。有 14 个项目通过并购退出占 21.88%。通过 IPO 退出的项目 25 个，占 39.06%，清算退出项目 1 个（见图 15.6）。

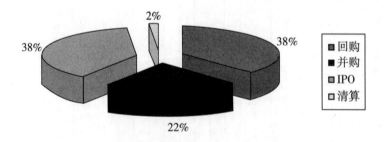

图 15.6　投资项目退出分布（2009 年）

资料来源：深圳市创业投资同业公会。

由于创业板 2009 年下半年才开张，退出项目中不包含已经 IPO 但并未真正实现资本增值退出的项目。2009 年深圳创投机构投资项目 IPO 情况良好，在中小板

IPO 项目 7 个，创业板 2009 年上市的 36 个项目中有 12 个项目有深圳创投背景，占 33.33%。此外，招商局科技投资的利华国际在 NASDAQ 上市，深圳创新投投资的匹克体育在香港主板上市，投资的网讯技术在法兰克福证券交易所上市。

2009 年退出的项目中 35 个为 2004 年以前投资，持股时间超过 5 年，占 54.69%，超过退出项目总数的一半。这表明深圳创投是真正意义的创业投资，是踏踏实实地在培育创业企业。

（四）人才队伍

2009 年机构实际从业人员为 798 人，较 2008 年增加 48 人。其中专业投资经理 405 人，占总人数的 50.75%，从事创业投资超过 5 年以上的 286 人，占专业投资经理总人数的 70.62%，说明深圳创业投资行业有一支相对稳定的具有相对丰富投资经验的专业投资经理队伍，投资经理平均年龄 36 岁，年富力强，这是深圳的宝贵人才资源。

（五）深圳创业投资行业对高新技术产业的支持

截至 2009 年深圳创投机构累计投资项目 971 个，其中累计投资的高新技术项目为 604 个，占 62.22%。2009 年投资项目 279 个，其中高新技术项目 187 个，占 67.03%。深圳市创业投资同业公会旗下的投资机构均为专业的创业投资机构，多年来一直脚踏实地地培育和扶持高新技术企业发展，为深圳市乃至全国的高新技术产业发展，建设自主创新型城市做出了巨大贡献。

三、深圳创业投资业发展展望

（一）创投市场的重新整合

2009 年创业投资行业的发展一片欣欣向荣。但是非银行金融机构开始进入创业投资行业，将导致创投行业进行新一轮的整合。尤其是券商直投开始逐步投资，其对市场的影响是显而易见的，券商直接投资多与其投资银行部门业务互补衔接，投资收益为一体，而投资银行部门多年储备了大量 PRE－IPO 项目，使得券商直投机构在投资成熟期项目上占据绝对优势。而目前国内 LP 普遍希望在短时间内看到收益，因而成熟期项目成为炙手可热的争抢对象。这使得有经验的创投机构因其在前期项目投资的专业能力而成为 LP 青睐的对象。而那些蜂拥而至的热钱，如果没有雄厚的资金实力，又没有足够的投资人才，还不愿委托品牌投资机构管理，其资本金面临投不出去，或者草率投资的项目面临巨大风险，或者后续资金难以跟上而遭遇离场的危机。券商直投机构在证监会要求券商做大做强的前提下，具备上市通道优势，资金实力雄厚，力争管理社保基金，成为业内品牌创投机构未来有力的竞争对手，也是创投市场互相合作的最佳伙伴。

各路热钱的涌入导致创投市场争抢项目激烈，投资市盈率过高，投资风险凸显，而有专业能力的投资机构也将投资策略调整，投资阶段趋于更加前期。这将使创投市场在调整中形成自身的投资链条，创投市场亦将更加成熟。

（二）相关政策对创投行业的影响

1. 税收优惠政策逐步落实

2007 年 2 月 7 日，财政部、国家税务总局发出的《关于促进创业投资企业发展有关税收政策的通知》（财税〔2007〕31 号）中明确提出：创业投资企业采取股权投资方式投资于未上市中小高新技术企业 2 年以上（含 2 年），可按其对中小高新技术企业投资额的 70% 抵扣该创业投资企业的应纳税所得额。遵照此文件的规定，2009 年深圳创投机构已经陆续取得税收优惠。

2. 国有股转持对国有创投产生重大影响

2009 年 6 月 19 日，国家财政部、国资委、证监会、社保基金会联合发布了《境内证券市场转持部分国有股充实全国社会保障基金实施办法》（财企〔2009〕94 号）（以下简称《实施办法》）主要规定如下：

第六条 股权分置改革新老划断后，凡在境内证券市场首次公开发行股票并上市的含国有股的股份有限公司，除国务院另有规定的，均须按首次公开发行时实际发行股份数量的 10%，将股份有限公司部分国有股转由社保基金会持有，国有股东持股数量少于应转持股份数量的，按实际持股数量转持。

第七条 股权分置改革新老划断后至本办法颁布前首次公开发行股票并上市的股份有限公司，由经国有资产监督管理机构确认的上市前国有股东承担转持义务。经确认的国有股东在履行转持义务前已发生股份转让的，须按其承担的转持义务以上缴资金等方式替代转持国有股。

第八条 本办法颁布后首次公开发行股票并上市的股份有限公司，由经国有资产监督管理机构确认的国有股东承担转持义务。

此外，值得注意的是，针对混合所有制企业的国有股东，《实施办法》通过第九条规定，混合所有制的国有股东，由该类国有股东的国有出资人按其持股比例乘以该类国有股东应转持的权益额，履行转持义务。具体方式包括：在取得国有股东各出资人或各股东一致意见后，直接转持国有股，并由该国有股东的国有出资人对非国有出资人给予相应补偿；或者由该国有股东的国有出资人以分红或自有资金一次或分次上缴中央金库。

创业投资基金主要投资中小创新民营企业，并且在被投资企业中所持股份比例很少，一般在1%至30%之间，绝大部分在10%左右。创业投资包括国有创投在内，一般对被投企业不控股，也不参与其日常经营管理，只派一名董事或监事参与被投企业的决策和监控，主要是通过股权纽带与被投企业建立生死与共的关系，并利用自己的智慧、经验和资源为企业提供增值服务，培育企业持续高增长。但由于中小创新企业在成长过程中，存在诸多不确定性因素和较大风险，失败率较高，因而创投基金通过出资和提供增值服务，培育一个企业成功上市要经历长期而艰难的过程，而被投企业一旦成功上市，将有望成为一个新兴行业，并带动我国产业优化升级，成为激发经济增长的内生动力和活力的重要力量。

但是，依据《实施办法》的规定，按股份有限公司首次公开发行股票并上市时的实际发行股份数量10%转让，持有上市公司少数股份的创投基金所持股份将大部分甚至全部被转持，有的甚至还不够转持。

如深圳招商科技投资公司是招商局全资子公司。该公司投资的湖南山河智能机械股份有限公司2006年12月22日在深交所中小企业板上市，向社会公众发行3320万股，发行后总股本为13257.5万股，含国有股400.91万股（其中深招商科技持有252.5万股）；后来上市公司又向股东1：1转赠股份。这样一来，山河智能的总股本增为26515万股，深招商科技持股达525万股，而按《实施办法》规定已强制转持434.74万股，转持比例高达82.8%。

《实施办法》严重挫伤了国有资本从事创投业的积极性，主要表现在以下几个方面：

（1）由于《实施办法》使国有创投企业所持股份大部分被转持，因而现有的国有创投企业不再投资中小创新民营企业。如深圳高新技术投资担保公司自1995年成立以来，一直支持深圳中小创新企业发展，被投资的"大族激光"和"同洲电子"两家科技企业在深交所中小企业板上市，按《实施办法》规定，有的要将已出售股份的资金上缴国库，有的股份则被转持。深圳市国有控股公司为该公司增资5亿元责成其从事创投业务，但由于《实施办法》的影响，该公司自2009年下半年以来已停止创投业务，并解散创投从业人员。

（2）国有创投企业为了回避转持所造成的投资损失，纷纷在被投企业上市辅导前低价将所持股份转让。

（3）许多证券公司设立的直接投资公司，由于被投企业面临转持问题，也都放慢或暂停对高新技术企业的投资。最为严重的负面影响是，《实施办法》大大地削弱了国有资本引导社会民间资金进入创投领域的乘数放大作用。

目前深圳市创业投资同业公会已经通过各种方式和渠道向政府反映问题，已经得到国资委的高度重视，《实施办法》有望在 2010 年得到修改。

第十六章
深圳私募基金投资业

私募基金，是指通过非公开募集方式募集，投资者收益共享、风险共担的集合资金管理方式。私募基金的投资范围涵盖了从股权到证券市场的投资，按照投资对象划分，私募基金主要分为私募股权基金和私募证券基金两大类。私募股权基金，主要投资于非上市流通的公司股权或项目，而私募证券投资则主要投资于可在证券交易所流通的上市公司股权及其衍生品或其他有价证券。

我国私募基金大体上经历三个阶段，对私募股权投资基金而言，1995 年到 2004 年是摸索阶段，2005 年以股权分置改革为标志进入春天，2009 年年末以创业板为标志进入高速发展时期。对私募证券基金而言，2004 年第一只阳光私募基金诞生，标志着私募证券基金进入初创发展阶段，2006 年年末是私募证券基金投资行业酝酿从初创期到中期发展阶段的过渡。

一、2009 年深圳私募基金投资现状

2009 年，中国率先走出金融危机。我国 2009 年 GDP 增长 8.7%，根据世界银行最新统计显示 2009 年世界经济增速预计将下降 0.8 个百分点，按照经济总量最低在 7% 估计，2009 年中国经济拉动世界经济增长大约 0.6 个百分点，直接减缓了世界经济衰退的幅度。显然，我国经济的高增长为实业界和资本界带来了许多发展机遇。

2009 年的创业板开市成为我国多层次资本市场体系建设的重要里程碑。十年磨一剑，创业板为众多高科技创新和新兴产业的企业提供了获得金融支持的广阔舞台，为经济结构的调整和产业结构的优化升级提供了指引和支持，为国家自主

创新战略提供了重要的落实平台，也为广大投资人提供了新的投资品种。

私募股权投资基金的发展环境有了重大变化，一是政府引导基金成为全国热炒，国有和民营之间取长补短，互相融合，通过国有对民营的引导和带动，形成国进民进的经济增长新模式；二是本土 LP 意识有所变化，逐渐认识到股权投资是比较理想的商业模式，自己管理不如交给职业管理人管理；三是海外资金踊跃进入国内，粥多僧少；四是行业竞争激烈，项目和人才抢夺严重，从业人员的道德风险和诚信文化日益受到关注；五是创业板的开市，中小板的加快发行，调动了大家的热情，促进私募股权投资基金行业的发展，许多 2006 年后进入私募股权投资基金的机构，逐渐进入收获期。

与此同时，私募证券基金的发展也有了四大变化：私募基金规模将直逼公募，公募和私募将互相融合、互相学习，高端人才在不断涌入，私募第三方机构蓬勃发展。在此基础上私募信息平台逐渐成型，行业监督规范运行，基金经理的构成趋于精英化，基金投资理念逐步成熟多样，个人投资者参与的热情显著提高，使私募证券基金的发展步入初步繁荣阶段。

在这样的背景下，中国私募基金出现了一次爆发性的增长，据私募排排网统计，国内现存 300 个阳光私募基金中，70% 成立于 2009 年，信托产品 275 个，完成发行 277 只，数量比 2008 年增长了 75%。2009 年深圳私募股权投资基金的总规模约为 2500 亿元人民币，其中创业投资基金的总规模为 600 亿元，其他类型的私募股权投资基金总规模为 1800 亿元；私募证券基金的总规模约 4000 亿元，其中信托私募证券基金的规模在 100 亿元以上。根据私募排排网保守估计，全国私募基金达到 1.1 万亿元规模，其中信托私募管理规模超过 400 亿元，深圳无论是私募证券基金还是私募股权基金，已经占到全国三分之一强，是中国私募基金最密集、最活跃的一个地区。2009 年，深圳市共发行 69 只阳光私募基金，超过全部新增私募基金总量的三分之一。2009 年国内资本市场持续向好，私募基金业实现了 54.9% 的平均收益率，而在收益前十的私募基金中，有一半是深圳的基金，深圳私募基金的赢利能力，处于全国私募基金的上游。从投资顾问的家数来看，深圳共有 53 家，远高于北京的 28 家。

二、2009 年深圳私募基金投资业务特征

2009 年，国内私募基金继续快速发展，阳光私募产品纷纷上市，筹资规模屡创新高；期货私募浮出水面，巨大的获利效应令人咋舌；而创新型基金如房地产

基金也破冰而出，其赢利能力值得关注。

阳光私募的投资虽然只限于证券市场，央行对信托计划的投资限制与共同基金也基本一致，但是因为它的募集对象、操作方式、风险控制都与公募基金不同，而且私募基金的投资范围和投资方向所受限制较少，交易方式较为灵活，其中的部分产品可能表现得更加激进和极端，对价格的发现更敏锐，资金调拨更加灵活和高效。

私募股权基金的投资方向是企业股权而非股票市场，PE的这个性质客观上决定了较长的投资回报周期。通过对项目在行业所处的地位、未来几年的增长情况以及管理团队情况进行分析，私募股权基金发现具有良好投资价值的项目，并与项目人达成投资合作共识，经过2—3年培育后项目价值获得提升，而后基金通过在资本市场公开发行股票，或溢价出售给产业集团、上市公司，实现项目价值的放大和锁定。2009年，创业板的启动，给私募股权基金提供了巨大的获利机会和广阔的发展空间。

随着商品经济的迅速发展，期货成为投资者的另一种选择，而期货私募行业的壮大也成必然趋势。但是长期以来，大部分期货基金处于地下或半地下状态，存在形式包括投资公司、期货工作室、管理账户等，既不违法也不合法，带有浓厚的神秘色彩，这点类似发展初期的私募证券基金。

三、深圳私募基金投资业发展展望

（一）私募基金出现的新现象与发展趋势

1. 私募基金加大与银行销售渠道合作

从2009年至今的信托募集情况来看，银行的销售渠道作用越来越重要，掌握全国最为富有客户群的各银行私人银行部已经开始寻求和私募基金合作，产品规模逐渐扩大。

2. 期货私募管理人不断增加

随着股指期货的推出，越来越多私募基金管理人看好期货这个市场，投资者也开始关注期货私募。与只做证券的私募基金管理人相比，期货私募更有优势，私募期货目前的发展状况有点类似初期的私募证券。

3. 国内私募基金管理人开始走向海外市场

国内私募证券基金管理机构在香港发行对冲基金数量增多。据私募排排网研究中心的统计，已在香港发行对冲基金的深圳私募机构包括：赤子之心管理有限公司、东方港湾投资管理有限公司、晓杨投资管理有限公司、天马资产管理有限公司、明达投资管理有限公司、景林资产管理有限公司、柏坊投资管理有限公司等。

4. TOT 成为私募投资新选择

2009 年 5 月 26 日，国内首只 TOT 产品——东海盛世 1 号成立并投入运行。自东海盛世 1 号运行以来，TOT 的阵营渐有扩大之势。目前，深圳公司推出的 TOT 有：平安财富—投资精英集合资金信托计划、平安财富—东海盛世集合资金信托计划、华润信托—托付宝集合资金信托计划。随着阳光私募公司和银行合作的加强，TOT 成了理财市场上继"一对多"专户理财产品后的又一个亮点。

（二）深圳私募基金业所面临的问题

1. 所得税率较高

目前，有限合伙制是私募股权基金的主要组织形式，而深圳对有限合伙企业的合伙人所实行的所得税率高于天津、上海等城市，导致大量私募股权基金不再以深圳作为首选注册城市。

2. 基金管理人与信托公司地位不平衡，使私募基金的发展陷入瓶颈

由于信托平台是目前私募实现合法化的唯一途径，因此基金经理在信托公司面前处于弱势，使基金运营费用一直居高不下。而自从信托公司暂停开设证券账户，信托公司拥有的老账户成了稀缺资源。有些信托公司将原来 0.5%—0.9% 的管理费提高到现在的 3%，新基金发行成本提高了 5%—15%。这种做法的直接影响就是新私募发行量骤降，私募行业发展严重受阻。同时，信托公司还要求阳光私募的首募规模要达到 2 亿—3 亿元，以保证账户管理费收入达到较高水平，只有市场影响力大、社会资源丰富的基金经理发行新产品，才能达到信托公司的要求，而有能力但资历浅的新生力量很难起步，不利于私募行业的新陈代谢。

第十七章
深圳信用评级业

一、2009 年深圳信用评级业现状

目前经中国人民银行深圳市中心支行认可具备贷款企业信用评级业务资格的评级机构有六家：鹏元资信评估有限公司（以下简称"鹏元资信"）、深圳中诚信信用管理有限公司、大公国际资信评估有限公司深圳分公司、深圳南方资信评估有限公司、深圳联合信用管理有限公司和东方金诚国际信用评估有限公司深圳分公司。2009 年年底，六家评级机构评级从业人员共计 200 余人，当年共完成借款企业信用评级 3000 多家。

2009 年 9 月，中国人民银行深圳市中心支行开发的深圳市借款企业风险预警系统正式上线运行，全市 60 多家中外资银行 500 多名操作员已经通过了该系统的相关培训。深圳市各评级机构将深圳市借款企业信用评级报告、财务数据上传该系统，同时有关企业的欠薪、欠税、环保违规、拒不执行法院判决等不良信用信息也将会及时自动送达对应的贷款银行，实行对不良信息的定向预警。此外，各家评级机构还按照分工通过该系统上传 20 个行业的分析报告，供商业银行查阅，行业分析报告每季度更新一次。目前已有 3000 多份大额贷款企业的信用评级报告和 80 份行业分析报告上传该系统。企业的信用等级及各种预警信息已逐渐成为各家金融机构对企业制定授信政策的重要参考。

2009 年全年各类企业主体债券发行规模达到 19659.5 亿元，较 2008 年全年增加了 81.23%。由于加息预期日益增强，中期票据和企业债券等中长期债券的发行受到市场青睐，其中由中期票据和地方政府融资平台发行的城投债成为 2009 年全

年债券市场发行的亮点。另外，随着宏观经济的企稳，高等级和低等级债券之间的利差有所收窄，企业债券市场也首次出现了 AA－以下等级债券。随着债券市场的发展，深圳债券评级业务获得了较快的发展，其中经鹏元资信评级的上市公司债券已发行 18 家，非上市企业债券已发行 9 家，鹏元资信在公司债券评级市场上占有率高达 34%。随着债券市场的不断扩容、相关制度的逐渐健全，债券评级的作用将大大提高，业务需求也会呈现爆发式的增长，给评级机构带来较好的发展契机。

为解决中小企业融资难的问题，深圳市信用评级协会、深圳市信用协会在中国人民银行深圳市中心支行的指导下，发挥和利用自身的资源和专业优势，推出了"评信通"业务，帮助中小企业实现融资目标。2009 年共有 4 家中小企业通过评级机构"评信通"业务获得了银行融资，同时尚有数十家中小企业正在进行贷前调查。"评信通"是解决中小企业融资困境的有益探索，有可能成为评级机构新的利润增长点。

二、2009 年信用评级业务特征

（一）债券评级市场发展空间广阔，为信用评级业的发展提供巨大推力

由于种种原因，我国企业债券市场的发行规模小，既无法和国债市场相比，更远远落后于股市的发展，成为资本市场的一块短板。

2007 年 8 月，证监会颁布了《公司债券发行试点办法》，提出优化市场融资结构，优先发展公司债券。2008 年 1 月，国家发改委在《关于推进企业债券市场发展、简化发行核准程序有关事项的通知》中，明确指出要扩大企业债券发行规模。2009 年 4 月、10 月，保监会先后出台了《关于增加保险机构债券投资品种的通知》、《关于债券投资有关事项的通知》对保险资金进入债券市场的监管进一步放宽，债券市场新增了需求。银行间市场交易商协会等部门正在研究推出新型债券品种，满足不同企业的融资需求。

在深圳，市政府与各家监管机构多种措施并举，推动债券市场发展。通过试点发行市政债券，引导、鼓励、推动优质发债主体资源通过债券市场筹集建设资金；依靠技术进步，通过监管创新，稳步发展中小企业集合债券；大力推动深交所债券市场的发展，打造深港债券交易中心；研究试点开办高收益债券市场。

上述政策和措施推动了债券市场的发展，从而极大地促进了债券信用评级业

的发展。

（二）短期融资券和中期票据成为信用评级业发展的重要支点

短期融资券和中期票据的推出时间虽短，但是从发行人的数量、融资规模等方面来看，呈现出爆炸性增长趋势。自 2005 年 5 月人民银行颁布《短期融资券管理办法》以来，我国短期融资券市场发展迅猛。企业在银行间债券市场发行短期融资券进行直接融资，不仅是我国企业融资方式的一种突破，也是人民银行为进一步完善货币市场建设所作出的金融创新。

中期票据发行只数、发行规模攀升，产品设计不断创新。2009 年我国 118 家发债主体共发行 178 只中期票据，发行总额 6912.65 亿元，同比增长 297.96%。中期票据的发行规模和发行只数都较上年大幅增长。2009 年中期票据市场不断创新，首次推出了浮动利率中期票据、附有赎回条款和附有回售条款的累进利率中期票据、中小企业集合票据、境内美元中期票据。

短期融资券发行规模进一步增长，增速减慢，将继续保持稳定发展的态势；发行利率仍处于低位，短期融资券成本优势较明显。2009 年我国共有 210 家主体发行了 263 只短期融资券，发行主体主要分布于资本货物、材料、公用事业、运输等行业，发行规模达 4612.05 亿元。短期融资券发行规模进一步提高，但增速减慢，保持了稳定发展的态势。

（三）借款企业评级业务将不断规范发展

商业银行在授信决策时参考外部评级机构对企业的评级结果成为降低信贷风险的有力举措。一方面外部评级在商业银行授信决策中发挥了重要作用，防范和化解了信贷风险；另一方面由第三方独立、客观地对贷款企业进行评级，为企业融资活动创造便利，推动社会信用体系建设。

近年来，随着我国金融监管力度的加强，以及巴塞尔新资本协议的要求，人民银行及各商业银行十分重视贷款企业的外部信用评级，通过提高信用评级报告的质量，促进内外部评级结果的互相参照，增强商业银行的风险防范水平。深圳从 1993 年开始就开展贷款企业评级，之后尽管历经坎坷，但一直在逐步成长。目前，深圳市贷款企业信用评级业正处于规范发展阶段。

（四）其他信用服务市场将不断扩大

受债券市场规模的限制，债券评级市场目前还处于市场需求培育和初步发展阶段，为拓展业务范围，信用评级机构不断往其他信用服务市场延伸，丰富评级品种，提升信用评级机构的实力和话语权。中小企业担保体系建设是企业信用评级的一个巨大潜力市场。中小企业高风险的特点，决定了中小企业担保机构的高风险经营，这就要求担保机构在经营中充分利用信用评级等工具，分析担保对象的信用风险和自身的经营风险，提高风险管理能力。

在深圳中小企业评级方面，2007 年年底，深圳市 20 家企业联合发行总额为 10 亿元的 "2007 年深圳市中小企业集合债券"，这是全国第一只中小企业集合债券，实现了中小企业发行债券的历史性突破，是对中小企业发行债券的有益尝试，是对我国直接融资体制改革的大胆探索。中小企业集合债券的问世，为中小企业的发展和扩大规模提供了强大的资金后盾。2009 年 3 月，深圳市政府推出《关于积极应对国际金融危机保持经济平稳发展的若干措施》，帮助企业应对金融危机，保持经济平稳发展。因此，数量众多的中小企业及担保机构将是信用评级机构的一大潜在客户群。

第十八章
深圳信用担保业

一、2009 年深圳信用担保业现状

2009 年，受全球金融危机的持续影响，我国的中小企业面临前所未有的挑战。中央政府高度重视，多次发文要求加大对中小企业的扶持力度。深圳市信用担保机构在政府的大力支持下，凭借着自身的优势，把握机遇、化危为机，不断开拓创新，在解决中小企业融资难，帮助中小企业度过"寒冬"等方面做出了重要贡献，并且自身也在危机中经受了考验，实现了稳步发展。总体上 2009 年的深圳担保业的发展状况有以下几个方面：

（一）经营业绩和社会效益显著

2009 年，根据深圳市中小企业服务中心的统计，20 家备案担保机构共为38140 家中小企业提供担保 54123 笔，当年担保总额 697.3 亿元（其中当年期初担保额 240.5 亿元，当年新增担保额 456.8 亿元）。截至 2009 年年底，这 20 家担保机构累计为 15.2 万家中小企业提供担保 1612.2 亿元。从收入及赢利情况看，2009 年 20 家备案担保机构的总收入为 8.67 亿元，其中担保业务收入 5.35 亿元，净利润总额为 4.98 亿元。

深圳担保业不仅实现良好的经济效益，还创造了可观的社会效益。根据深圳市中小企业服务中心相关数据测算，2009 年 697.3 亿元担保，当年可为中小企业新增销售收入 1287.3 亿元，新增税收 91.4 亿元，新增就业 54.7 万人，有力地促进了深圳经济的快速发展。

在诚信建设方面，2009 年 12 月，深圳市中小企业信用担保中心有限公司和深圳市中小企业发展促进会联合推出了第四届"中小企业诚信榜"活动。在前三届诚信榜活动的基础上，本届活动的上榜企业数量和授信额度均创下历史纪录，共为 230 家上榜企业授予了 44 亿元的贷款担保信用额度。截至本届诚信榜，累计已有 486 家企业获得"诚信中小企业"的光荣称号，总授信额度达 77 亿元，对降低中小企业融资成本，提高中小企业融资效率，进一步改善中小企业的融资环境起到了积极促进作用。

（二）担保机构发展迅速

1. 机构数量增长迅速

截至 2009 年年底，深圳共有注册担保机构 550 家（其中分公司及代表处 57 家），其中 2009 年当年新增担保机构 170 家，为历年之最。历年担保机构成立情况分布如图 18.1 所示。

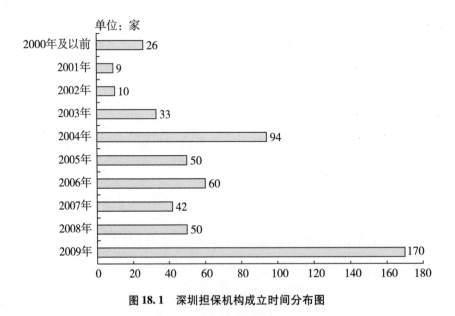

图 18.1　深圳担保机构成立时间分布图

资料来源：深圳市信用担保同业公会。

2. 担保机构的资金实力进一步增强

2009 年年末，担保机构的注册资本总额达 219 亿元，其中 2009 年当年新增的 170 家担保机构注册资本总额为 39.6 亿元。根据深圳市信用担保同业公会的统计，截至 2009 年年底，注册资本在 1 亿元以上（含 1 亿元）的担保机构 95 家，注册资本总额达 146 亿元，占全体担保机构注册资本总额的 66.5%；其中，2009 年新增的 170 家担保机构中有 13 家注册资本在 1 亿元以上。图 18.2 为 2009 年年末担保机构的注册资本分布。

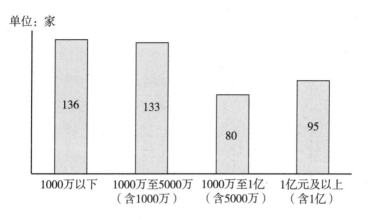

单位：家

1000万以下　1000万至5000万（含1000万）　1000万至1亿（含5000万）　1亿元及以上（含1亿）

图 18.2　深圳担保机构注册资本分布图（2009 年底）

资料来源：深圳市信用担保同业公会。

3. 从业人员素质日益提升

根据深圳市信用担保同业公会的统计，截至 2009 年年底，深圳市 19 家重点担保机构中，从业人员 1792 人，其中获博士学位 31 人、获硕士学位 318 人、获学士学位 595 人，三者合计占从业人员的 52.7%。从职称结构来分，拥有高级职称的有 80 人，中级职称的有 191 人，初级职称的有 250 人。

（三）担保业得到政府高度关注与政策大力扶持

1. 信用担保行业在 2009 年受到了党中央和国务院的高度重视

从"国九条"、"国办三十条"到《国务院关于进一步促进中小企业发展的若干意见》（国发〔2009〕36 号），都充分体现了政府对担保行业的扶持与鼓励。2008 年中央财政在安排 2 亿元风险补偿的基础上，2009 年年初又追加 10 亿元专项资金用于补助担保机构 2008 年开展的担保业务，其中深圳有 5 家担保机构被列入该补助计划，获得财政部中小企业发展专项资金的支持。

2. 信用担保行业在 2009 年受到政策鼓励

2009 年第一季度，工业和信息化部、国家税务总局联合发布了《关于中小企业信用担保机构免征营业税有关问题的通知》（工信部联企业〔2009〕114 号），对符合条件的中小企业信用担保机构免征三年营业税，深圳有两家担保机构上榜。2009 年全年，深圳市中小企业服务中心分两次组织深圳市担保机构申报国家中小商贸企业融资担保费用补助，大力扶持深圳信用担保行业。

（四）深圳担保业继续在全国处于领先地位

1. 联席会议

由深圳担保中心任筹备组召集人，每年筹备召开的"全国中小企业信用担保机构负责人联席会议"，已成为全国担保行业的年会。2009年9月，第十届联席会议在山东烟台隆重召开，会议吸引了来自全国各省、自治区、直辖市311家担保机构450余人参加，会议规格及会议规模再创新高。本届联席会议上，深圳市中小企业信用担保中心有限公司、深圳市高新技术投资担保有限公司荣登"中国担保500亿上榜机构"；深圳担保中心还获得"应对金融危机中支持中小企业表现突出的担保机构"的荣誉称号。

2. 中小企业信用担保孵化服务基地

深圳担保中心作为国家工业和信息化部中小企业司指定的全国三个中小企业信用担保机构孵化服务基地之一，坚持每年举办两期中小企业信用担保高级培训班，对来自全国各地担保机构的高级管理人员进行培训，为行业的建设贡献力量。2009年度的两期担保孵化服务培训高级研修班于8月、9月先后开班，为来自16个省、自治区29家担保机构的35名高层管理人员和业务骨干进行了培训。

（五）信用担保体系进一步完善

深圳市中小企业信用再担保中心于2009年2月份挂牌成立，作为市政府扶持中小企业发展的专门机构，其主要业务是向担保公司的信用担保业务提供担保，是担保中的担保，目的是降低中小企业贷款担保门槛，扩大信用担保规模，进一步缓解深圳市中小企业贷款难问题，截至2009年年底，已有8家担保公司、17家银行成为会员。再担保中心的成立，标志着深圳市中小企业信用担保体系的进一步完善。

二、2009年深圳信用担保业务特征

（一）中小企业担保占据主导地位，个贷业务发展迅速

根据深圳市信用担保同业公会的统计，2009年深圳市担保行业的19家重点担保机构当年担保发生额为587.1亿元，其中从事中小企业信用担保的企业为15家，

业务量占总量的 78.9% 。由此可见，中小企业仍然是深圳市担保行业的主要客户。2009 年，深圳市房地产市场回暖，成交量快速攀升。受此影响，2009 年深圳市多家以个贷担保业务为主业的担保公司业务增长较快，取得了良好的经营业绩。

（二）银保关系良性发展

截至 2009 年年底，有 20 多家银行与深圳担保机构开展了合作，深圳市 19 家重点担保机构的合作银行均达到 5 家以上，有的优秀担保机构一家的合作银行就多达 20 家。

（三）风险控制良好

根据工信部中小企业司《2008 年度全国担保行业发展报告》的统计，2008 年全国担保机构平均代偿率为 0.6% ；根据深圳市中小企业服务中心对骨干担保机构的统计数据计算，2009 年全年，深圳市担保机构担保代偿率约为 0.04% ，远低于全国平均水平。

三、深圳信用担保业发展展望

（一）朝综合融资服务方向发展

深圳市担保机构长期服务在中小企业融资第一线，了解中小企业的融资需求，针对中小企业融资"少、急、频"的特点，不断开发业务品种。企业业务方面，担保业务品种从最初单一的流动资金贷款担保，向政府专项政策扶持资金担保、工程履约担保、中小企业集合债担保、短期融资券担保、委托放款、交易转按揭担保、投资与担保组合等丰富多样的业务品种发展。担保服务领域从间接融资担保拓展到直接融资担保、从融资性担保拓展到非融资性担保。个人业务方面，各担保机构也不断创新，2009 年陆续推出理财贷、小额消费贷、房易贷、金领理财贷、农户贷款担保、公务员贷款担保等新产品，极大地丰富了担保市场的业务品种。

在开发新业务品种的同时，深圳担保业不断整合自身的融资平台，一些担保机构除了完善与银行的合作关系外，还全方位搭建小额贷款公司、典当行等融资服务平台，向深圳市中小企业提供担保、借贷和综合金融一体化服务。目前深圳已注册登记的 15 家小额贷款公司中，有 5 家为担保公司控股或有股权关系。

（二）借助行业平台向产业纵深发展

深圳担保业以前还主要依托于银行和金融体系来开拓业务，广泛地涉足中小企业所触及的所有领域，客户基础相当广泛，但逐渐地，有部分担保机构将选择在继续延伸拓展金融职能的同时，更加贴近产业，从某个产业出发，如珠宝行业、LED 行业、房地产行业等，以资源整合、优势互补、合作共赢为立足之本，加大对该行业中小企业的扶持力度。例如，银联宝担保在 2009 年国际黄金价格连创新高，金融机构也加大了审核力度等外部形势严峻的情况下，发挥专业优势，对深圳 2200 多家珠宝企业进行了基本情况的统计，基本厘清了客户在行业中的位置，并据此开展与珠宝行业相关的融资策划、存货质押监管担保、融通仓担保业务等富有针对性的担保业务，2009 年在业务发展的同时实现了零逾期和零代偿。又如，中诚致信担保利用自身在房地产业的专业优势，与中联地产集团的房地产中介、按揭、担保、评估业务，形成较完整的服务产业链。

（三）行业规范化进一步提升

为规范融资性担保公司自身运作，同时为加强持续有效的监管提供制度依据，2009 年上半年，根据《国务院办公厅关于进一步明确融资性担保业务监管职责的通知》，国务院确定由银监会牵头建立融资性担保业务监管部际联席会议制度。2010 年 3 月 8 日，经国务院批准，中国银监会、国家发展改革委、工业和信息化部、财政部、商务部、中国人民银行和国家工商总局联合发布《融资性担保公司管理暂行办法》，为各级政府下一步出台力度更大的融资性担保行业扶持政策、促进担保行业做大做强及规范运行奠定法制基础。

目前，深圳市已成立由市科工贸信委（市中小企业服务中心）牵头，市财政委、市公安局、市市场监管局、市金融办、深圳银监局、人民银行深圳市中心支行等部门组成联合工作小组，对深圳市融资性担保机构运用情况进行全面调研，为深圳市担保行业的监管和进一步规范做准备。

随着担保公司在内部控制制度、风险集中度管理、准备金计提、为关联方担保的管理等方面的不断规范，将不断提升深圳担保行业的声誉，增强银行与担保公司合作的信心，使更多担保机构获得银行准入资格并逐步建立风险共担的合作伙伴关系，使深圳市的银保合作更上一个新台阶。

第十九章
深圳小额贷款业务

小额贷款业务，一般指专向中低收入阶层和中小、微型企业提供小额度的持续信贷服务活动。开展小额贷款业务，可以为商业银行传统信贷业务"拾缺补遗"，有利于满足中低收入人群的紧急资金需求，一定程度上解决中小、微型企业融资难题；并且也有利于合理引导民间借贷资金流向，压缩地下钱庄等违法违规组织的生存空间，发挥维护经济社会和谐稳定的作用。从 2006 年开始，本着先行先试的原则，深圳市开始启动小额贷款业务的探索和试点工作，陆续批准了中安信业、信安投资等公司开展商业性小额信贷业务。2008 年 5 月份，中国人民银行和银监会联合发布了《关于小额贷款公司试点的指导意见》（银监发〔2008〕23号）对地方政府开展小额贷款公司试点提供了指引。深圳市结合本市的实际情况，于 2009 年年初制定了《深圳市小额贷款公司试点管理暂行办法》，全面启动了辖区的小额贷款试点工作。经过几年的尝试和摸索，深圳市在国内小额贷款领域走在了前列，并积累了较为丰富的试点经验。

一、深圳小额贷款业务试点的基本情况

截至 2010 年 3 月，深圳市共有 20 家小额贷款公司经批准正式开展小额贷款业务，另有 11 家公司已通过评审并获得试点资格尚未开业。初步统计，目前营业的 20 家小额贷款公司注册资本合计人民币 28.4968 亿元，自开业以来累计贷款总额约 80.28 亿元，累计贷款近 15 万笔，贷款余额达 24.62 亿元，覆盖了几千家中小微型企业、个体工商户以及广大的个人消费群体。总体来看，目前各公司大都是以自有注册资金开展业务，贷款服务品种多样，涵盖经营贷、创业贷、工薪贷、

楼宇贷等多个领域；贷款利率约为月息 1.8%—2%，贷款期限从 1 个月到 1 年不等，1 年以上较少；各家公司业务拓展渠道各具特色，大多依托股东优势呈现出差异化发展的特点。

通过对出资人特点、客户群体等进行区分，目前全市的小额贷款公司基本分为三种类型：

第一类小额贷款公司，发起人主要为大型企业或行业协会的骨干企业，公司成立后依托于大股东在行业内或协会内的地位和影响力，重点服务于围绕大股东产业链上下游的中小企业或行业协会内的中小会员企业。具有代表性的如中航、潮商、华来利、宇商、民信达等。

第二类小额贷款公司，发起人具有一定行业经验和特色资源优势，公司成立后依托于股东方自身丰富的同业经验或独有行业优势，重点开展个体工商户和个人的贷款服务，部分满足了个体工商户、个人创业者的资金需求。具有代表性的有中安信业、信安易贷、亚联财、世联等。

第三类小额贷款公司，发起人主要为担保公司，公司成立后依托其股东从事担保行业的客户资源、风控机制、人才储备等开展业务。具有代表性的有中科创、安信、华融、中恒泰等。

二、深圳小额贷款业务试点工作的特点

将《深圳市小额贷款公司试点管理暂行办法》与《关于小额贷款公司试点的指导意见》（银监发〔2008〕23 号）进行比较，深圳市关于小额贷款公司的准入要求有以下三点突破：

第一，提高了注册资本门槛。深圳市规定小额贷款公司组织形式是有限责任公司的，其注册资本不得低于 5000 万元；组织形式是股份有限公司的，其注册资本不得低于 8000 万元。并且要求注册资本全部为实收货币资本，由出资人或发起人一次性足额缴纳。

第二，提高了主发起人标准。深圳市对小额贷款公司主发起人制定了包括净资产、资产负债率、赢利情况及利润额等一系列相对较高的指标要求。比如主发起人净资产要求 5000 万元以上，且资产负债率不高于 70%；近三年连续赢利，且三年净利润累计总额不低于 1500 万元；等等。

第三，提高了股东持股比例。为避免股权过于分散造成经营管理成本和融资成本过高，本着鼓励单一股东和各类专业机构控股的原则，深圳市对主发起人和

其他出资人的出资持股比例进一步突破，明确规定了持股比例的下限：其中主发起人出资比例不得低于注册资本的30％，其余单个出资人及其关联方出资比例不得低于注册资本的5‰。

从各小额贷款公司运行的基本情况来看，深圳市小额贷款业务主要呈现出以下特点：

第一，服务理念、品种创新不断深化。各家小额贷款公司结合各自目标市场，依靠自身专业的团队、丰富的信息资源、先进的技术系统，根据客户的特点和需求，为贷款企业和个人提供全面的贷款咨询及贷款服务。以目前国内探索无抵押、无担保商业化可持续小额贷款最早的中安信业公司为例，该公司目前所有业务都是和银行合作开展的，通过一种全国首创的"助贷"模式发放的。在此模式下，中安信业将负责甄别、筛选客户，进行审核调查、做出信贷决策，并且负责所有贷后管理和清收，贷款资金直接从国开行账户发放给借款人，贷款合同由客户、国开行和中安信业共同签署。作为国开行的代理（助贷）机构，中安信业发放贷款全部通过中国建设银行的委托贷款平台，而中安信业的所有客户都会收到一张中安信业和建行联名发行的"中安信业龙卡"，贷款将发放到该卡账号，还款也将通过客户的银行账户按月扣缴。这种"贷款银行＋助贷"模式荣获了2008年深圳市金融创新奖。

第二，创新与合作不断深化。从现状来看，部分小额贷款公司依靠雄厚的股东背景，充分发挥公司的资金及网络优势，积极扩展业务规模；部分小额贷款公司正积极探索与境外专业小额贷款机构的合作，引进专才和技术，提升风险管理水平，提高信贷资产质量，增强市场竞争力；还有部分小额贷款公司已与商业银行展开多方位合作，积极探索小额贷款公司与商业银行合作的新模式，疏通银行资金与小企业发展的渠道，推动小额贷款公司代理银行服务的方式。

第三，制度日趋完善，风控和后台系统建设不断加强。小额贷款试点公司制度先行、严控风险，精密的风险控制和系统的人员培训对小额贷款公司的成长具有非常重要的意义。目前，深圳市已有小额贷款公司研发出或者正在研发自身的电子化贷款审批系统，并且不断加大人员培训力度。

三、小额贷款业务发展需解决的问题

由于小额贷款行业在国内还属于新生事物，目前发展也面临一些共性的问题。比如，行业定性问题、税收问题、与银行合作问题、征信系统问题、资金渠道单一问题、转制为村镇银行问题等。

在以后的工作中，深圳市金融办将会同有关部门，深入开展行业内的调查研究工作，加强与人民银行和银监部门的沟通协调，积极研究解决小额贷款公司发展过程中存在的共性问题，争取尽快推出支持和解决小额贷款公司长远发展的政策措施。

附　录

Fu Lu

附录一
2009 年深圳金融业发展大事记

1 月 15 日，深圳市政府四届 126 次常务会议审议并通过《深圳市代理制保险营销员参加社会保险暂行规定（草案）》，标志着长期制约保险业发展的营销员社保问题率先在深圳得到妥善解决。

4 月 8 日，国务院决定开展跨境贸易人民币结算试点工作，深圳成为首批试点城市之一。7 月 7 日，深圳举行跨境贸易人民币结算工作启动仪式。

5 月 26 日，国务院批准《深圳市综合配套改革总体方案》，深圳将建立金融改革综合试验区。

6 月 18 日，香港按揭证券公司与深圳金融电子结算中心合资设立深圳经纬盈富担保有限公司，该公司的设立标志着深港两地金融合作进一步深化。

6 月 19 日，深圳市金融办、公安消防局与深圳保监局联合召开火灾公众责任保险新闻发布会，标志着深圳市火灾公众责任保险试点工作正式启动。

6 月，中国平安保险（集团）股份有限公司及其控股子公司中国平安人寿保险有限公司分别与新桥投资和深圳发展银行签署协议，购买和认购深圳发展银行的股份。交易完成后，中国平安保险（集团）股份有限公司将持有深圳发展银行不超过 30% 的股权，成为其第一大股东。

7 月 21 日，在中国人民银行深圳市中心支行的推动下，深圳威豹押运公司开始执行人民币现钞跨境调运任务，为香港地区人民币现钞的供应提供了强有力的保障。

10 月，深圳证监局远程实时非现场检查（稽查）系统基本建成，该系统连接 16 家证券公司的信息技术系统，具备远程实时非现场检查、稽查办案辅助支持、IT 运行能力评估、视频监察等四大功能。投入使用后，监管部门可远程实时进入证券公司信息系统，主动自由地调取动态数据信息，从而真正实现非现场监管。这是证券公司监管模式的一次革命性变化。

10 月 28 日，电子商业汇票系统在深圳成功上线运行，招商银行签发了全国首张电子商业承兑汇票和首张银行承兑汇票。

10 月 30 日，首批 28 只新股在深圳证券交易所创业板集中挂牌上市，我国多层次资本市场建设取得新进展。

11 月 10 日，民生银行江门支行开业，这是深圳市股份制商业银行在广东省内开设的第一家异地支行。

2009 年全年，共有 5 家城市商业银行在深圳设立分行。5 月 21 日，包商银行深圳分行开业；5 月 27 日，江苏银行深圳分行开业；6 月 8 日，上海银行深圳分行开业；7 月 27 日，渤海银行深圳分行开业；11 月 30 日，东莞银行深圳分行开业。

12 月 4 日，深圳出台《深圳市小额贷款公司试点管理暂行办法》，这对解决中小企业融资难问题，促进企业发展具有重要意义。

附录二
2009 年主要城市宏观经济金融发展指标

		北京	上海	广州	深圳	天津
地区生产总值	2009 年（亿元）	11865.9	14900.93	9112.76	8201.23	7500.80
	同比（%）	10.1	8.2	11.5	10.7	16.5
全社会固定资产投资	2009 年（亿元）	4858.4	5273.33	2659.85	1709.15	5006.32
	同比（%）	26.2	9.2	22.3	16.5	47.1
社会消费品零售总额	2009 年（亿元）	5309.9	5172.88	3647.76	2598.68	2430.83
	同比（%）	15.7	14.0	16.2	15.4	21.5
实际利用外资	2009 年（亿美元）	61.2	105.38	37.73	41.60	90.20
	同比（%）	0.6	4.5	4.2	3.2	21.6
金融业增加值	2009 年（亿元）	1720.9	1817.85	553.32	1148.14	421.18
	同比（%）	13.5	25.6	29.0	20.5	16.5
银行机构资产总额	2009 年（亿元）	79790.84	62620.12	24632.70	27634.10	18229.54
	同比（%）	28.82	19.75	20.63	34.25	36.53
金融机构本外币存款余额	2009 年（亿元）	56960.12	44620.27	21207.96	18357.47	13887.11
	同比（%）	29.51	25.39	30.12	28.73	42.12
金融机构本外币贷款余额	2009 年（亿元）	31052.89	29684.10	14473.05	14783.39	11152.19
	同比（%）	34.95	22.92	31.47	31.59	47.21
证券公司数（家）		17	14	3	17	1
证券机构总资产（亿元）		3098.67	4399	1044.48	4701.05	136.92
股票交易总额（亿元）		57088.27	186970	–	215568.38	7115.01
基金管理公司数（家）		18	30	3	16	1
管理基金数（只）		70	244	35	179	4

续表

		北京	上海	广州	深圳	天津
基金总规模（亿份）		4035.45	8326.00	2269.99	8071.28	66.79
基金资产净值（亿元）		4744.48	8758.00	2746.45	8677.57	45.02
期货经纪公司数（家）		19	25	8	13	6
期货代理交易额（亿元）		45551.84	184358.00	103029.81	118459.12	11446.10
上市公司数（家）		126	165	38	114	30
上市公司总市值（亿元）		128026.81	29147.00	3316.20	21710.38	3723.73
上市公司融资额（亿元）		1508.15	980.80	155.58	344.15	63.95
保费收入	2009 年（亿元）	697.60	665.03	322.95	271.59	151.29
	同比（%）	19.05	10.83	5.26	12.78	-13.86
产险	2009 年（亿元）	168.18	158.90	80.58	100.29	46.99
	同比（%）	22.11	15.02	14.93	13.81	9.30
寿险	2009 年（亿元）	529.42	506.13	242.36	171.31	104.30
	同比（%）	18.11	9.57	2.39	12.18	-21.36

附录三
2009 年深圳金融管理部门及金融机构名录

单位名称	地址	联系电话	邮政编码
中国人民银行深圳市中心支行	深圳市深南东路 5006 号	25590240	518001
中国银行业监督管理委员会深圳监管局	深圳市福田区金田路 4018 号安联大厦 31 层	88285915	518026
中国证券监督管理委员会深圳监管局	深圳市福田区笋岗西路体育大厦东座	83260056	518028
中国保险监督管理委员会深圳监管局	深圳市福田区农林路 69 号深国投广场 1 号写字楼 9 层	82531000	518040
深圳证券交易所	深圳市深南东路 5045 号	82083333	518010
中国证券登记结算有限责任公司深圳分公司	深圳市深南中路 1093 号中信大厦 18 楼	25938000	518031
上海黄金交易所深圳备份交易中心	深圳市深南东路 5047 号深圳发展银行大厦 26 楼 EFG 单元	83418668	518001
中国工商银行深圳市分行	深圳市深南东路金融中心北座 5055 号	82246400	518015
中国农业银行深圳市分行	深圳市罗湖区深南东路 5008 号	25939888	518001
中国银行深圳市分行	深圳市罗湖区建设路 2022 号国际金融大厦	22338888	518001
中国建设银行深圳市分行	深圳市红岭南路金融中心东座建行大厦	82488189	518010
交通银行深圳分行	深圳市深南中路 2066 号华能大厦	83680000	518031
国家开发银行深圳市分行	深圳市深南大道 1093 号中信大厦	25985666	518031

续表

单位名称	地址	联系电话	邮政编码
中国进出口银行深圳分行	深圳市罗湖区建设路 2016 号南方证券大厦	82215088	518001
中国农业发展银行深圳市分行	深圳市福田区滨河大道 5003 号爱地大厦东座	83551368	518045
中国邮政储蓄银行深圳分行	深圳市福田区益田路信息枢纽大厦主楼	22228000	518048
招商银行	深圳市深南大道 7088 号招商银行大厦	83198888	518040
招商银行深圳分行	深圳市深南中路 1002 号新闻大厦 3 号楼	82092222	518001
深圳发展银行	深圳市深南东路 5047 号	82088888	518001
深圳发展银行深圳分行	深圳市深南大道 7008 号阳光高尔夫大厦 15 楼	82828000	518040
平安银行	深圳市深南中路 1099 号平安银行大厦	25878166	518031
平安银行深圳分行	深圳市福田区深南路 4001 号时代金融中心	82756381	518034
深圳农村商业银行	深圳市罗湖区深南东路 3038 号合作金融大厦	25188055	518001
中信银行深圳分行	深圳市深南中路 1093 号中信大厦	25941266	518031
中国光大银行深圳分行	深圳市竹子林四路紫竹七道 18 号光大银行大厦	83053388	518040
广东发展银行深圳分行	深圳市深南东路 123 号百货广场西座	82380110	518001
中国民生银行深圳分行	深圳市福田区新洲十一街民生银行大厦	82806666	518048
华夏银行深圳分行	深圳市福田区深南中路 3037 号南光捷佳大厦	83989001	518033
兴业银行深圳分行	深圳市福田区深南大道 4013 号兴业银行大厦	82980900	518048
上海浦东发展银行深圳分行	深圳市福田区福华三路深圳国际商会中心	82020900	518048
渤海银行深圳分行	深圳市宝安区 N5 区宏发领域花园 5 栋	29171000	518130

续表

单位名称	地址	联系电话	邮政编码
北京银行深圳分行	深圳市福田区深南大道 7006 号富春东方大厦	23957071	518040
宁波银行深圳分行	深圳市福田区福华三路 88 号时代财富大厦	22661999	518026
杭州银行深圳分行	深圳市福田区深南中路 2038 号爱华大厦	83885077	518031
上海银行深圳分行	深圳市福田区福华一路 1 号大中华交易广场	23983606	518048
江苏银行深圳分行	深圳市福田区深南大道 4011 号香港中旅大厦	22660999	518048
包商银行深圳分行	深圳市福田区现代国际大厦	82561777	518048
东莞银行深圳分行	深圳市福田区深南大道 7028 号时代科技大厦	23955999	518040
浙商银行深圳分行	深圳市福田区深南大道 7028 号时代科技大厦	82760666	518040
华融资产管理公司深圳办事处	深圳市福田区南园路 232 号五邑大厦	83631999	518031
长城资产管理公司深圳办事处	深圳市罗湖区人民南路发展中心大厦 6-7 楼	82296000	518001
东方资产管理公司深圳办事处	深圳市罗湖区建设路 2016 号南方证券大厦	82215558	518001
信达资产管理公司深圳办事处	深圳市福田区滨河路北 5022 号联合广场	82966586	518033
华润深国投信托有限公司	深圳市福田区农林路 69 号深国投广场 2 号楼	33380600	518040
平安信托投资有限责任公司	深圳市福田中心区福华路星河发展中心	4008866338	518048
有色金属财务有限公司	深圳市福田区车公庙深南大道 6013 号中国有色大厦	83474880	518040
深圳能源财务有限公司	深圳市深南中路 2068 号华能大厦	25325200	518031
大亚湾核电财务有限责任公司	深圳市福田区上步中路 1001 号科技大厦	83671068	518031
国银金融租赁有限公司	深圳市福田区益田路 6009 号新世界中心	23980999	518026

续表

单位名称	地址	联系电话	邮政编码
平安利顺国际货币经纪有限责任公司	深圳市福田区中心四路嘉里建设广场1 座	33351888	518048
南洋商业银行（中国）有限公司深圳分行	深圳市建设路 2002 号南洋大厦	25156333	518001
汇丰银行（中国）有限公司深圳分行	深圳市罗湖区深南东路 5001 号华润大厦	82338016	518001
渣打银行（中国）有限公司深圳分行	深圳市深南东路 5002 号地王大厦52 楼	82461688	518008
三菱东京日联银行（中国）有限公司深圳分行	深圳市罗湖区建设路深圳国际金融大厦	82202202	518001
中信嘉华银行（中国）有限公司	深圳市深南东路 5001 号华润大厦	82371680	518001
瑞穗实业银行（中国）有限公司深圳分行	深圳市罗湖区建设路深圳国际金融大厦	82221918	518001
东亚银行（中国）有限公司深圳分行	深圳市福田区福华一路 88 号深圳中心商务大厦	82032313	518048
花旗银行（中国）有限公司深圳分行	深圳市深南中路 1093 号中信城市广场中信大厦	82371888	518031
大华银行（中国）有限公司深圳分行	深圳市深南东路 5002 号地王大厦	82461298	518008
大众银行（香港）有限公司深圳分行	深圳市人民南路佳宁娜友谊广场	25182822	518001
星展银行（中国）有限公司深圳分行	深圳市深南东路 5001 号华润大厦	82691020	518001
永亨银行（中国）有限公司	深圳市深南东路 5002 号地王大厦	25830838	518008
永亨银行（中国）有限公司深圳分行	深圳市深南东路 5002 号地王大厦	25833693	518008
华商银行	深圳市燕南路 2 号东风大厦	83788415	518031
华商银行蛇口分行	深圳市南油大道荟芳园 A 座	26641615	518052
荷兰银行（中国）有限公司深圳分行	深圳市深南东路 5002 号 36 楼	22169111	518008
泰国泰华农民银行（大众）有限公司深圳分行	深圳市福田区金田路 4018 号安联大厦	82291298	518026
比利时联合银行深圳分行	深圳市深南东路 5002 号地王大厦46 楼	82461188	518008

续表

单位名称	地址	联系电话	邮政编码
恒生银行（中国）有限公司深圳分行	深圳市人民南路嘉里中心	82350388	518001
永隆银行深圳分行	深圳市深南东路 4003 号世界金融中心 A 座	25980652	518008
大新银行（中国）有限公司	深圳市深圳发展银行大厦	25199033	518001
上海商业银行深圳分行	深圳市建设路国际金融大厦	82200319	518001
友利银行（中国）有限公司深圳分行	深圳市福田区金田路 4028 号荣超经贸中心	33381234	518001
印度银行深圳分行	深圳市罗湖区深南东路 2028 号罗湖商务中心	82684887	518007
泰国盘谷银行（大众有限公司）深圳分行	深圳市福田区民田路 178 号华融大厦	33965856	518048
香港恒生银行有限公司深圳分行	深圳市人民南路嘉里中心	83935966	518001
东方汇理银行深圳代表处			
菲律宾国家银行深圳代表处			
华南商业银行深圳代表处			
中银信用卡有限公司深圳代表处			
阿拉巴哈德银行深圳代表处			
美国联合银行深圳代表处			
长城证券有限责任公司	深圳市福田区深南大道 6008 号深圳特区报业大厦 16 层	83516280	518034
中山证券有限责任公司	深圳市福田区益田路江苏大厦 B 座 15 楼	82943769	518026
第一创业证券有限责任公司	深圳市罗湖区笋岗路 12 号中民时代广场 B 座 25、26 层	25832583	518028
平安证券有限责任公司	深圳市福田区金田路大中华国际交易广场 8 层	22627052	518048
世纪证券有限责任公司	深圳市深南大道 7088 号招商银行大厦 41 – 42 层	83199532	518040
招商证券股份有限公司	深圳市福田区益田路江苏大厦 A 座 38 层至 45 层	82943666	518026
华泰联合证券有限责任公司	深圳市深南东路 5047 号发展银行大厦 10、24、25 层	82492000	518001

续表

单位名称	地址	联系电话	邮政编码
华鑫证券有限责任公司	深圳市罗湖区深南东路 5045 号深业中心 25 楼	82083788	518026
安信证券股份有限公司	深圳市福田区金田路 2222 号安联大厦 34 层、28 层 A02 单元	82825551	518026
中信证券股份有限公司	深圳市深南大道 7088 号招商银行大厦 A 层	83076935	518040
英大证券有限责任公司	深圳市福田区深南中路 2068 号华能大厦 30、31 楼	26982993	518031
银泰证券有限责任公司	深圳市福田区竹子林四路紫竹七道 18 号光大银行 18 楼	83708116	518040
中国建银投资证券有限责任公司	深圳市福田区益田路与福中路交界处荣超商务中心 A 栋 18 - 21 层	82026688	518048
众成证券经纪有限公司	深圳市百花四路长怡花园 A2D	83619500	518028
国信证券股份有限公司	深圳市红岭中路 1012 号国信证券大厦	82130833	518001
五矿证券经纪有限责任公司	深圳市福田中心区金田路 4028 号荣超经贸中心 47 层	83353119	518035
华林证券有限责任公司	深圳市福田区民田路 178 号华融大厦 5、6 楼	82707888	518048
博时基金管理有限公司	深圳市福田区深南大道 7088 号招商银行大厦 29 - 30 层	83169999	518040
长城基金管理有限公司	深圳市福田区益田路 6009 号新世界商务中心 40 - 41 层	23982338	518026
大成基金管理有限公司	深圳市福田区深南大道 7088 号招商银行大厦 32 - 33 层	83183388	518040
诺安基金管理有限公司	深圳市深南大道 4013 号兴业银行大厦 19 - 20 层 2001 - 2008 室	83026688	518048
融通基金管理有限公司	深圳市南山区华侨城汉唐大厦 13、14 层	26948666	518053
鹏华基金管理有限公司	深圳市福华三路与益田路交汇处深圳国际商会中心 43 层	82021222	518048
招商基金管理有限公司	深圳市福田区深南大道 7088 号招商银行大厦 28 层	83196666	518040

续表

单位名称	地址	联系电话	邮政编码
南方基金管理有限公司	深圳市福田中心区福华一路 6 号免税商务大厦 31－33 层	82763888	518048
宝盈基金管理有限公司	深圳市深南大道 6008 号报业大厦 15 楼	83276688	518034
民生加银基金管理有限公司	深圳市福田区益田路 6009 号新世界商务中心 42、43 楼	23999888	518026
国投瑞银基金管理有限公司	深圳市福田区金田路 4028 号荣超经贸中心 46 层	83575999	518026
信达澳银基金管理有限公司	深圳市福田区深南大道 7088 号招商银行大厦 24 楼	83172666	518040
景顺长城基金管理有限公司	深圳市福田区中心四路 1 号嘉里建设广场第一座 21 层	82370388	518048
摩根士丹利华鑫基金管理有限公司	深圳市福田区中心四路 1 号嘉里建设广场一期二座 17 层	88318883	518048
中国国际期货经纪有限公司	深圳市福田区益田路 6003 号荣超商务中心 15 层、16 层 02 单元	23818333	518026
金瑞期货有限公司	深圳市福田区福虹路 9 号世贸广场 38 楼	83662122	518033
五矿实达期货经纪有限责任公司	深圳市上步南路锦峰大厦 12B	83752338	518031
中证期货有限公司	深圳市华富路海外装饰大厦 B 座 2 楼	83200909	518031
海航东银期货有限公司	深圳市福田区深南中路 2068 号华能大厦中区 18 层	83680538	518031
平安期货有限公司	深圳市福田区振华路设计大厦 8 号 13、15 层	83786060	518031
神华期货经纪有限公司	深圳市深南大道 6008 号特区报业大厦西区 29F	83517629	518009
天琪期货有限公司	深圳市福田区深南大道 4009 号投资大厦三层 01、04A 区	82912900	518048
招商期货有限公司	深圳市福田区福华一路 6 号免税商务大厦 9 层 9－15 单元及 5 层 2、3、4、5、A 单元	82763142	518048
中航期货经纪有限公司	深圳市福田区深南大道 2008 号中国凤凰大厦 2 号楼 501、512、513 室	28069186	518026

续表

单位名称	地址	联系电话	邮政编码
乾坤期货有限公司	深圳市福田区深南大道 4009 号投资大厦二楼 01 区、03A 区	83998699	518048
深圳金汇期货经纪有限公司	深圳市福田区深南大道 6013 号中国有色大厦 18 楼	83472777	518040
深圳瑞龙期货有限公司	深圳市福田区福中三路诺德金融中心主楼 33D	82028318	518035
金鼎综合证券（香港）有限公司深圳代表处	深圳市罗湖区解放路 4068 号名仕阁 B1810 室	25911317	
荷银证券亚洲有限公司深圳代表处	深圳市深南东路 5002 号信兴广场地王商业大楼 3110 室	22169200	
恒生投资管理有限公司深圳代表处	深圳市福田区中心四路 1 号嘉里建设广场第二座第 7 层 04A 室	82361212	
凯基证券亚洲有限公司深圳代表处	深圳市罗湖区宝安南路 2014 号振业大厦 A24D1	83680920	
里昂证券有限公司深圳代表处	深圳市深南东路 5002 号信兴广场地王商业中心 31 楼 11 单元	82461755	
元富证券（香港）有限公司深圳代表处	深圳市深南东路 5002 号地王大厦 6111 室	82465292	
兆丰资本（亚洲）有限公司深圳代表处	深圳市深南中路 1002 号新闻大厦 2505 室	82091368	
香港致富证券有限公司深圳代表处	深圳市福田区福华路中海华庭北区中海大厦 608 室	33339626	
香港富昌证券有限公司深圳代表处	深圳市福田区上步南路东南园路北佳兆业中心 601，5 层 8#铺	22210168	
香港新鸿基投资服务有限公司深圳代表处	深圳市福田区深南西路天安数码时代大厦 A 座 1901 室	83475079	
宝来证券（香港）有限公司深圳代表处	深圳市福田区车公庙深南大道 6021 号喜年中心 A 座 712 室	83458678	
中国平安财产保险股份有限公司	深圳市八卦岭工业区 551 栋平安大厦 5 楼		
华安财产保险股份有限公司	深圳市宝安南路 2001 号华安保险大厦 27 – 30 楼		

续表

单位名称	地址	联系电话	邮政编码
太平保险有限公司	深圳市深南大道 6008 号特区报业大厦 41 层		
民安保险（中国）有限公司	深圳市福田区福华一路 6 号免税商务大厦 29－30 楼		
日本兴亚财产保险（中国）有限责任公司	深圳市福田区中心四路 1 号嘉里建设广场第二座第 9 层 03－04 室		
鼎和财产保险股份有限公司	深圳市福田区深南大道 2008 号中国凤凰大厦 1 号楼 14 层		
中国人民财产保险股份有限公司深圳市分公司	深圳市罗湖区罗芳路 122 号	25175102	
中国大地财产保险股份有限公司深圳分公司	深圳市福田区八卦路 55 号经理大厦 13 楼	33366975	
中国出口信用保险公司深圳分公司	深圳市福田区益田路 4068 号卓越时代广场大厦 16 层	23996088	
中华联合财产保险股份有限公司深圳分公司	深圳市福田区深南中路中核大厦 14 楼	83985783	
中国太平洋财产保险股份有限公司深圳分公司	深圳市深南中路 2 号新闻大厦 7、20 层	83298888	
中国平安财产保险股份有限公司深圳分公司	深圳市福田区农林路与侨香路交界口深国投广场 1 栋 7 楼	82700999	
华泰财产保险股份有限公司深圳分公司	深圳市深南中路 1019 号万德大厦 10 楼	82137899	
天安保险股份有限公司深圳分公司	深圳市深南中路 1019 号万德大厦 18 楼	82132519	
华安财产保险股份有限公司深圳分公司	深圳市福田区北环大道 7003 号中审大厦 901－903 室		
永安财产保险股份有限公司深圳分公司	深圳市罗湖区深南东路 5047 号深圳发展银行大厦 23 层 AHI 单元	61308001	
太平保险有限公司深圳分公司	深圳市福田区莲花支路 1001 号公交大厦 6 楼	33223333	
民安保险（中国）有限公司深圳分公司	深圳市罗湖区人民南路天安国际大厦 C 座 1201－1208 室	82170793	

续表

单位名称	地址	联系电话	邮政编码
美亚财产保险有限公司深圳分公司	深圳市罗湖区深南东路 5002 号信兴广场地王商业大厦 11 楼 01、02、11、12、13、15、16 单元		
三星火灾海上保险（中国）有限公司深圳分公司	深圳市福田区益田路 6009 号新世界中心 4601 室	82520390	
中银保险有限公司深圳分公司	深圳市福田区福华一路 6 号免税商务大厦塔楼 17 层 2 单元至 6 单元	25179815	
永诚财产保险股份有限公司深圳分公司	深圳市福田区北环大道 7001 号开元大厦 28 楼		
安邦财产保险股份有限公司深圳分公司	深圳市福田区益田路西 6009 号新世界商务中心 33 楼	33337000	
天平汽车保险股份有限公司深圳分公司	深圳市福田区益田路与福华三路交汇处国际商会中心八楼 05、06、08 单元	33989958	
阳光财产保险股份有限公司深圳市分公司	深圳市福田区八卦一路 50 号鹏基商务时空大厦 11 楼	88285486	
都邦财产保险股份有限公司深圳分公司	深圳市福田区深南中路 2010 号东风大厦 23 楼	83353368	
渤海财产保险股份有限公司深圳分公司	深圳市福田区深南大道与彩田大道交汇处嘉麟豪庭 A 座 503 室	33397999	
中国人寿财产保险股份有限公司深圳市分公司	深圳市罗湖区嘉宾路 4025 号城市天地广场东座 6 楼	22212345	
安诚财产保险股份有限公司深圳分公司	深圳市福田区华强北路 4002 号圣廷苑酒店 B 座 20 楼	25323000	
安联保险公司广州分公司深圳营销服务部	深圳市罗湖区深南中路深业中心 25 层 2505 – 2511 单元	88286033	
中国财产再保险公司深圳分公司	深圳市深南东路 5002 号地王大厦 10 楼 9 号	82125168	
中国人寿再保险公司深圳分公司	深圳市深南东路 5002 号地王大厦 43 楼 12 – 15 号	25835856	
中国平安人寿保险股份有限公司	深圳市福田区福华路星河中心大厦 9 至 11 层		
招商信诺人寿保险股份有限公司	深圳市深圳大道 7008 号招商银行大厦 31 楼		

续表

单位名称	地址	联系电话	邮政编码
生命人寿保险股份有限公司	深圳市福田区民田路 171 号新华保险大厦 17 楼		
中国人寿保险股份有限公司深圳市分公司	深圳市福田区振兴路 3 号建艺大厦 21 楼	95519	
中国平安人寿保险股份有限公司深圳分公司	深圳市福田区八卦岭工业区平安大厦 1－3 层东侧		
中国太平洋人寿保险股份有限公司深圳分公司	深圳市深南中路 2 号新闻大厦 1 号楼 21 层	82090888	
美国友邦保险有限公司深圳分公司	深圳市深南东路 5002 号信兴广场地王商业中心商业大楼 11 楼		
泰康人寿保险股份有限公司深圳分公司	深圳市福田区深南中路 1099 号商业银行大厦 4 楼	25190098	
太平人寿保险有限公司深圳分公司	深圳市深南大道 4019 号航天大厦 A 座 4 楼、19 楼		
中国人民健康保险股份有限公司深圳分公司	深圳市南山区高新区中区麻雀岭工业区 M－6 栋 5 层		
信诚人寿保险有限公司深圳分公司	深圳市福田区上步中路 1001 号深圳科技大厦 4 楼	83699918	
中宏人寿保险有限公司深圳分公司	深圳市罗湖区深南东路 4003 号世界金融中心 A 座写字楼 33 层	25982268	
中德安联人寿保险有限公司深圳分公司	深圳市福田区金田路 2222 号安联大厦 14、15 楼	88286300	
中意人寿保险有限公司深圳分公司	深圳市罗湖区深南东路 5001 号华润大厦 6 楼	33383388	
中英人寿保险有限公司广东分公司深圳营销服务部	深圳市福田区滨河大道 5020 号证券大厦 12B12 房	82992800	
平安养老保险股份有限公司深圳分公司	深圳市福田区莲花支路 1001 号公交大厦综合楼 19 层	4008866338	
中美大都会人寿保险有限公司广东分公司深圳营销服务部	深圳市罗湖区深南东路 4003 号世界金融中心 A 座 14 层 G 单元	25981393	
金盛人寿保险有限公司广东分公司深圳营销服务部	深圳市深南东路 4003 号世界金融中心写字楼 36 层 A 单元	33969008	

续表

单位名称	地址	联系电话	邮政编码
中国人民人寿保险股份有限公司深圳市分公司	深圳市福田区深南中路国际文化大厦 19 楼	83395518	
生命人寿保险股份有限公司深圳分公司	深圳市福田区民田路新华保险大厦 22 层		
阳光人寿保险股份有限公司深圳中心支公司	深圳市福田区红荔路与新洲路交汇处第壹世界广场塔楼 17A、17B、17C、17D、17E		
幸福人寿保险股份有限公司深圳分公司	深圳市福田区深南大道与金田路交界西南深圳国际交易广场写字楼 2202 室	83554666	
太平洋安泰人寿保险有限公司广东分公司深圳营销服务部	深圳市福田中心区深圳中心商务大厦 602、603 室		
瑞泰人寿保险有限公司广东分公司深圳营销服务部	深圳市福田区金田路与福中路交界荣超经贸中心 25 层 10B 号房		
海康人寿保险有限公司广东分公司深圳营销服务部	深圳市福田区华强北路赛格科技工业园 4 栋 4 楼西 407 室		

后 记

在深圳市委、市政府、市金融办领导的直接关心和指导下，在人民银行深圳市中心支行、深圳银监局、深圳证监局、深圳保监局、深圳证券交易所、综合开发研究院（中国·深圳）、中国证券登记结算有限责任公司深圳分公司以及相关行业协会的大力支持下，《深圳金融发展报告（2009）》的编纂工作顺利完成了。在此，谨向所有关心和支持金融发展报告编写的领导以及付出辛勤劳动的各位作者，表示衷心感谢！

本书的初稿，按章节顺序由下列机构提供：综合开发研究院（中国·深圳）撰写了第一章；第二章由深圳市金融发展服务办公室、中国人民银行深圳市中心支行、深圳银监局、深圳证监局和深圳保监局提供资料，综合开发研究院（中国·深圳）撰写；第三章由中国人民银行深圳市中心支行、深圳银监局、深圳证监局和深圳保监局撰写；第四章由中国人民银行深圳市中心支行、深圳银监局、深圳证监局、深圳保监局、深圳市企业信用信息中心、鹏元征信有限公司以及各行业协会、同业公会提供资料，综合开发研究院（中国·深圳）撰写；第五章由深圳市金融发展服务办公室、综合开发研究院（中国·深圳）撰写；第六章由中国人民银行深圳市中心支行撰写；第七章由深圳证券交易所和中国结算深圳分公司撰写；第八章、第九章由中国人民银行深圳市中心支行撰写；第十章由深圳银监局撰写；第十一章、第十二章由深圳市证券业协会撰写；第十三章由深圳市期货同业公会撰写；第十四章由深圳保监局撰写；第十五章由深圳市创业投资同业公会撰写；第十六章由深圳市金融顾问协会撰写；第十七章由中国人民银行深圳市中心支行、深圳市信用评级协会撰写；第十八章由深圳市信用担保同业公会撰写；第十九章由深圳市金融发展服务办公室、综合开发研究院（中国·深圳）撰写；附录一由中国人民银行深圳市中心支行、深圳银监局、深圳证监局和深圳保监局提供；附录二由综合开发研究院（中国·深圳）根据相关资料整理提供；附录三由深圳银监局、深圳证监局、深圳保监局、深圳市证券业协会和深圳市期货同业公会提供。

　　尽管我们力求《深圳金融发展报告（2009）》能准确、全面地反映深圳金融业的发展状况，但由于时间仓促，水平有限，缺点和不足在所难免。我们真诚欢迎广大读者批评、指正。

策划编辑:吴焰东
责任编辑:吴焰东
封面设计:肖　辉

图书在版编目(CIP)数据

深圳金融发展报告(2009)/深圳金融发展报告编委会 编著.
　-北京:人民出版社,2010.8
ISBN 978－7－01－009221－8

Ⅰ.①深…　　Ⅱ.①深…　　Ⅲ.①金融事业-经济发展-研究报告-深圳市-2009
　　Ⅳ.①F832.765.1

中国版本图书馆 CIP 数据核字(2010)第 170984 号

深圳金融发展报告(2009)
SHENZHEN JINRONG FAZHAN BAOGAO (2009)

深圳金融发展报告编委会　编著

人民出版社 出版发行
(100706　北京朝阳门内大街 166 号)

北京瑞古冠中印刷厂印刷　新华书店经销

2010 年 8 月第 1 版　2010 年 8 月北京第 1 次印刷
开本:787 毫米×1092 毫米 1/16　印张:12.5
字数:230 千字　印数:0,001-3,000 册

ISBN 978－7－01－009221－8　　定价:28.00 元

邮购地址 100706　北京朝阳门内大街 166 号
人民东方图书销售中心　电话 (010)65250042　65289539